불황이지만
돈을 불리고
있습니다

어떤 상황에서도 벌 수 있는
'재테크 기초체력' 만들기

불황이지만 돈을 불리고 있습니다

초판 1쇄   2019년 4월 10일
초판 3쇄   2020년 7월 10일

지은이   달시기·월천대사
펴낸이   서정희
펴낸곳   매경출판㈜
책임편집   오수영
마케팅   신영병 이진희 김보은

매경출판㈜
등록   2003년 4월 24일(No. 2-3759)
주소   (04557) 서울시 중구 충무로 2(필동1가) 매일경제 별관 2층 매경출판㈜
홈페이지   www.mkbook.co.kr
전화   02)2000-2633(기획편집) 02)2000-2636(마케팅) 02)2000-2606(구입 문의)
팩스   02)2000-2609   **이메일**   publish@mk.co.kr
인쇄·제본   ㈜M-print   031)8071-0961
ISBN 979-11-5542-582-4(03320)

불황이지만 돈을 불리고 있습니다

어떤 상황에서도 벌 수 있는
'재테크 기초체력' 만들기

달시기 · 월천대사 지음

매일경제신문사

"욜로도 워라밸도 돈이 있어야 가능합니다."

수명이 길어진 만큼 노후 준비도 빨라져야 합니다. 하지만 일찍이 이를 깨닫고 실천하는 사람은 드물죠. 요즘은 오히려 욜로, 워라밸 등을 더 장려하는 분위기입니다. 예전엔 '노후 준비'라고 하면 으레 50대를 떠올렸습니다. 이제는 정년을 보장받을 수도 없고, 특히나 취업하는 시기도 30대 전후로 근로를 시작하는 나이가 늦춰졌습니다.

우리가 일할 수 있는 기간이 길어야 20~30년. 그중 육아 기간은 약 20~25년입니다. 요즘 같은 100세 시대에 60세 이후 40년간 연금만으로 버틸 수 있을까요?

지인이 몇 년 전 해외여행을 하며 겪은 이야기를 해준 적이 있습니다. 여행 초반에는 하루 경비를 초과하더라도 좋은 풍경과 맛있는 음식이 있으면 기꺼이 돈을 내며 가족과 함께 오랜만의 휴가를 즐겼다고 합니다. 그러나 10일간의 여행이 뒤로 갈수록 가장인 그의 어깨는 무거워졌습니다. 예산이 바닥나고 있었기 때문이죠. 물론 현지에서 현금인출을 하면 그만이지만, 그래도 미리 정한 예산이 있었기 때문에 그 안에서 해결하고 싶었다고 합니다. 여행 마지막에는 그 좋은 곳에 가서 아이들에게 햄버거를 먹이는 데 마음이 참 안 좋았다고 합니다.

그는 이 여행을 통해 문득 노후의 모습이 떠올랐다고 합니다. 여행은 정해진 일정이 있어 남은 기간을 생각해보면서 예산 내에서 효율적으로 지출하면 됩니다. 그런데 인생은 여행과 달리 정해진 종료 기간이 없습니다. 얼마를 모아야 죽을 때까지 평안하게 생활할 수 있을지 모릅니다.

요즘은 두 세대가 한집에 산다고 합니다. '너는 내 자식이니 부모 말을 듣고 공경해야지'라고 생각하는 사람과 '나는 난데 왜 자꾸 낳아줬다고 구속하고 마음대로 하려고 하나'라고 생각하는 사람이 한집에 살기 때문에 자꾸 충돌이 일어난다고 합니다. 이 말을 듣고 '이게 세대 차이인가' 싶어 충격을 받았습니다.

저는 IMF로 인해 부모의 사업 빚을 물려받아 만 3년을 넘게 그 빚을 갚았습니다. 학부 시절 경영학과를 전공했지만, 자본주의와 경제에 관한 공부는 어디에서도 할 수 없었습니다. 숙련된 근로자로 사회에서 일할 수 있도록 인재육성 과정만을 훈련받았을 뿐입니다. 30대 후반이 될 때까지 돈에 대해서 몰랐습니다. 가정 형편 때문에 늦게 결혼했는데 아이가 없을 때 미리 저축하고 모아야 한다는 사실도 몰랐습니다.

아이를 낳지 않을 생각이었기에 마흔이 다 되어 갑자기 아이가 생겼을 때 당황했습니다. 그제야 절박한 심정으로 재테크를 공부했고 공부를 하다 보니 '아 사회생활을 시작하면서부터 저축과 연금, 재테크 등을 알았더라면, 20대 때 이런 것에 대해 미리 공부해두고 책을 읽었더라면' 하는 생각이 간절하게 들었습니다.

인생에는 두 가지 레버리지가 있습니다. 바로 돈과 시간입니다. 일단, 무엇이든 자본소득을 올리려면 돈이 필요합니다. 초기에 근로를 통해 모은 시드머니를 자본소득으로 전환시켜야 합니다.

젊은 친구들은 말합니다. "저희가 무슨 돈이 있느냐"고. 일을 시작하기 전에 사회에 나오기 전에 할 수 있는 것들이 있습니다. 시간의 레버리지를 쓰면 됩니다. 젊을 때 돈에 대해서 공부하면 됩니다. 즉, 근로소득, 자본소득, 사업소득, 임대소득 등을 공부하고 자산이 불어가는 과정에 대한 스킬도 익히고 모의투자를 통해 주식이나 부동산을 보는 눈을 높이며 수많은 연습을 통해 잃지 않는 가치투자를 연마하면 됩니다. 처음에는 작게 시작해도 됩니다. 시간이 있으니 말입니다.

여러분에겐 시간이 있습니다. 시간의 레버리지를 잘 쓰고, 40대가 되어서 돈의 레버리지를 잘 쓴다면 50이 채 되기 전에 경제적 자유를 이룰 수 있을 것입니다.

이 시대의 2030들이 나 같은 무지함으로 아이를 갖고 나서야 재테크에 눈을 뜨지 않기를 바라는 마음에서 이 책을 기획했습니다. 월천재테크 카페에 정기적으로 올라오던 달시기 님의 글들은 그런 저의 기획방향과 너무나도 잘 맞아떨어졌습니다. 저는 바로 달시기 님에게 단행본 출판을 제안했고, 오랜 집필과정을 거쳐 드디어 한 권의 책으로 빛날 수 있게 되었습니다. 아무쪼록 어려운 시대를 살아가는 2030들에게 희망의 방향을 제시할 수 있길 기대합니다.

월천대사 이주현

"우리는 수능에, 공무원 시험에, 대기업 입사시험에 집중하느라 경제를 배울 기회를 박탈당했습니다."

우리는 자본주의 경제체제를 가진 나라에서 자유롭게 살고 있습니다. 자본주의를 바탕으로 하는 사회이니 돈에 대해서 알아야 합니다. 그런데 초, 중, 고등학교를 다니면서 열심히 공부했지만 유독 돈과 경제에 대해서는 배울 기회가 없었습니다. 고등학생이나 대학생에게 물어보면 어려운 영단어나 복잡한 수학 공식을 달달 외울 수 있지만, 주식계좌를 만들거나 부동산을 계약하는 데는 까막눈입니다. 수능과 대기업 입사시험을 치르는 데 관련이 없기 때문입니다. 정작 살아가면서 직접 부딪혀야 하는 실물경제는 쳐다보지도 않은 셈입니다.

저라고 달랐을까요? 저도 마찬가지였습니다. 아주 어릴 때 받은 세뱃돈은 부모님께 그대로 전달되었고, 초등학생이 되어서는 그저 저금통에 한 푼 두 푼씩 모으는 것만을 미덕으로 삼았습니다. 고등학교 시절, 사회탐구영역 선택과목에 '경제'가 있었는데, 제가 다닌 고등학교에서는 배울 수 없는 과목이었습니다. 하물며 수능에 나오지도 않는 부분을 나서서 가르쳐주는 선생님도 계시지 않았습니다. 경영학을 전공하여 경제학을 배웠지만 논리적이고 수리적인 학문일 뿐, 그 이상은 아니었습니다. 그렇게 대학생활을 보내고 취업한 곳이 금융회사였으니 역설적입니다. 돈을 모르고 돈을 다루는 회사에 취직하다니요.

이 책은 학교에서 배우지 못했던 돈과 금융, 경제의 기초를 담고 있습니다. 특히 대학생과 사회초년생에게 도움이 될 내용입니다. 지금까지 관심 두지 않았던 분야지만 살면서 필요한 것들입니다. 이 책으로 경제에 관한 모든 것을 꿰뚫어 볼 수는 없습니다. 그저 독자 한 분이라도 지금보다 조금 더 실물경제에 관심을 둔다면 그것으로 충분합니다. 그렇게 한 발을 들여놓고 나서 투자에 관심을 가졌으면 좋겠습니다. 수없이 많은 책과 멘토들을 통해 배울 것들이 가득하니 찾아 나서기만 하면 됩니다. 그렇게 시작하면 됩니다.

저는 금융회사를 10여 년 다니고 퇴직했습니다. 지금은 운이 좋아 여러 사람과 함께 작은 사업을 꾸려가고 있습니다. 사업 외에도 투자에 관심을 갖고 하나씩 실천하고 있습니다. 뒤늦게 깨달은 실물경제의 재미에 흠뻑 취해서 지금도 끊임없이 배우고 있습니다.

대학을 나와도 전세계약서 하나 제대로 쓸 줄 몰랐던 사람이, 금융회사를 10여 년 다녀도 정작 자기 자산은 불릴 줄 모르던 사람이 이렇게 책을 냈습니다. 저도 여러분들과 다르지 않다는 것을 말씀드리는 겁니다. 지금까지 잘 알지 못했더라도 누구나 할 수 있다는 뜻이기도 합니다. 이 책이 경제에 눈을 뜨고자 하는 여러분에게 작은 도움이 되길 바랍니다.

달시기 강병식

목차

Part 01   개인이 돈을 불리는 방법은 따로 있다

Part 04 투자에 뛰어들기 전 무조건 알아야 할 것들

Part 01

개인이
돈을 불리는 방법은
따로 있다

부자, 정말 될 수 있을까?

　　우리는 부자를 꿈꿉니다. 부자라는 말에 대한 생각과 기준은 다를 수 있겠지만, 그 생각의 차이와 상관없이 사람들은 누구나 오늘보다 더 나은 경제적 삶을 지향합니다. 거대한 부의 축적까진 바라지 않더라도, 스스로 빈자가 되기를 바라는 사람은 없을 것입니다.

　　우리가 말하는 그 '부'는 도대체 얼마를 말하는 걸까요? 수입이 어느 정도여야 하며, 자산은 어느 정도여야 할까요? 오직 돈만이 부의 기준이 될까요? 이에 대한 다양한 생각들을 알아보고 우리가 지향하는 부의 수준과 방향을 살펴보려 합니다.

현실적으로 얼마를 모을 수 있을까?

부의 기준을 정하기에 앞서 일반적으로 생각하는 '부자의 기준'을 살펴봅시다. 2018년 초 한 취업포털사이트의 설문조사에 따르면, 직장인들이 1년 동안 모아야 한다고 생각하는 자산 목표는 평균 967만 원이었습니다. 이 목표를 이루기 위한 재테크 수단으로는 예·적금을 가장 많이 꼽았습니다. 967만 원을 예·적금을 통해 모으고 싶어 하는 평범한 직장인들. 과연 이 금액과 방법이 현실적일까요?

위 금액을 토대로 시뮬레이션을 해보겠습니다. 967만 원이니 월 80만 원짜리 적금(연 금리 3%, 단리)을 가입한다고 가정합니다. 매월 80만 원씩 1년을 모으면 원금이 960만 원입니다. 이자는 15만 6,000원. 이 작은 이자에도 또 이자소득세가 붙지만 일단은 비과세라고 가정하면 약 976만 원이 모입니다. 이 돈을 예금(연 금리 3%)에 넣고 다시 1년간은 적금(연 금리 3%)을 하면 2년차에는 1,981만 원(976만 원+1,005만

1년 967만 원으로 자산 모아나가기

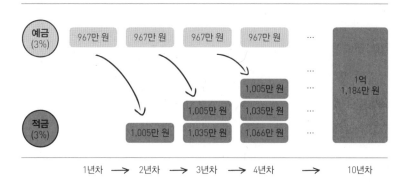

원)이 됩니다. 이런 식으로 10년을 예·적금으로 모으면 약 1억 1,184만 원이 됩니다.

1억여 원을 모았으니 적은 돈은 아닙니다만, 직장인들이 생각하는 부자에 한 발 다가선 것은 맞을까요? 이 금액과 스스로 모을 수 있다고 생각하는 자산, 그리고 부자라고 생각하는 자산 사이에 얼마만큼의 차이가 있을지 조금 더 알아보겠습니다.

부자의 기준

KB금융연구소에서 펴낸 〈2018한국 부자보고서〉를 먼저 살펴보겠습니다. 보고서에서 말하는 부자의 기준은 '금융자산 10억 원 이상'입니다. 금융자산만 10억이고 이의 비중이 42% 정도니까 부동산 포함한 전체 자산은 24억 원 정도로 예상됩니다. 이런 수준의 부자가 전국에 27만 8,000명(인구대비 0.54%)입니다.

직장인의 생각은 어떨까요? 앞서 언급했던 취업포털사이트의 설문조사에서 직장인들은 자산이 40억 원은 있어야 부자라고 했습니다. 자산을 늘릴 수 있는 연간 목표금액이 967만 원이니 평생 모아도 도달할 수 없는 금액입니다. 10년에 1억 원 조금 넘게 모을 수 있으니 이런 식이라면 400년 가까이 걸릴 일입니다. 부자보고서의 기준인 금융자산 10억을 모은다 쳐도 100년 가까이 걸립니다. 즉 '평균' 수준으로 모아서는 절대 부자 대열에 끼어들 수 없다는 것입니다. 이 정도 차이라면 이미 '나는 절대 부자가 될 수 없어!'라고 선언하고 있

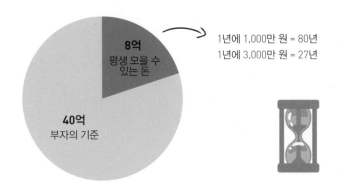

직장인들이 생각하는 부자의 기준

8억
평생 모을 수
있는 돈

1년에 1,000만 원 = 80년
1년에 3,000만 원 = 27년

40억
부자의 기준

출처: 잡코리아 설문조사, 2018

는 것과 다르지 않습니다.

아이러니한 것은 직장인들이 '현실적'으로 모을 수 있는 금액을 8억 원으로 예상했다는 것입니다. 8억 원도 적은 금액이 아닙니다. 앞에서 말한 평균 수준으로 모은다면 80년 가까이 걸립니다. 취업을 아무리 일찍 하고 은퇴를 늦게 한다고 해도 80년간 일하면서 돈을 모으기는 쉽지 않습니다. 20세에 취직한다면 100세! 무병장수하면서 정년이 끊임없이 연장되어야 가능한 일이겠지요.

부자가 되기 위한 아주 기본적인 몇 가지 방법

우리는 결코 부자가 될 수 없는 걸까요? 1년 약 1,000만 원씩 꼬박꼬박 모아서 우리가 생각하는 부자가 되기 어렵겠다는 사실에는 공감할 겁니다. '마음이 부자면 부자'라고 한다면 할 말은 없지만, 그건 경제적 부자라는 범주를 벗어나기 때문에 이 책에서 논할 것은 아닙니다. 지금 이야기하고 있는 부자, 즉 우리가 원하는 '커다란 부를 가진 자산가'가 되려면 어떻게 해야 할까요?

평균에서 벗어나기

평균에서 벗어나면 됩니다. 직장인 평균 소득, 평균 소비, 평균 저축, 부자에 대한 평균적인 생각을 벗어나면 됩니다. 앞서 제시한 설문에서처럼 평균 소득으로 평균 저축을 해서는 80년 일해야 8억 원에 겨우 닿을 수 있을 뿐입니다. 평균적으로 생각하는 부자의 자산인 40억 원 근처에도 못 갑니다. 그러니 여기서 벗어나야 합니다.

부를 쌓는 방법을 단순화하면 단 두 가지입니다. 많이 벌거나, 덜 쓰거나. 너무나도 당연한 이야기를 한 것 같지만 어쨌든 이보다 더 확실한 방법은 없습니다. 지금보다 많이 벌기 위해서는 지금 하는 일과 다른 일을 하거나 지금 하는 일을 더 잘해야 합니다. 부자가 되기 어려운 일을 하면서 평균적인 성과만 내다간 남들보다 더 벌기 어렵습니다. 덜 쓰는 방법은 따로 지름길이 있을까 싶습니다. 그저 아낄 수 있는 것을 최대한 아끼고 지출을 줄이는 것 뿐이겠지요. 문제는 실천에 달렸습니다. 하느냐 마느냐.

투자하기

만약 보통 수준의 소득을 얻고 있다면, 평균 이상 수익을 낼 수 있는 곳에 투자하면 됩니다. 매년 1,000만 원을 벌어도, 좀 과장해서 수익률이 100%라 치면 매년 두 배, 네 배, 여덟 배로 늘어납니다. 평균적인 소득이라 하더라도 투자를 하고 수익률을 높이면 부자가 될 수 있습니다. 물론 투자한다고 해서 모두가 높은 수익률을 낼 수 있는 것도 아니고 반드시 부자가 된다고 할 수도 없습니다. 하지만 적어도 자산을 불리려는 노력을 하지 않는 사람들보다는 부자가 될 확률이 더 높아질 것은 확실합니다.

투자의 이면에는 손해의 가능성도 있습니다. 그러니 잘 알아가며 해야 합니다. 배워서 성공확률과 수익률을 높여야 합니다. 요즘은 책으로, 영상으로, 각종 강의로 투자를 배울 수 있는 곳이 아주 많습니다. 꾸준히 찾아서 배우고 실천해나가면 됩니다. 배우지 않는 것, 그리고 배우기만 하는 것은 부자와 거리가 멀어 보입니다.

운

위의 것들을 다 차치하고 운이 좋아도 됩니다. 그러면 다 이깁니다. 태어나서 처음 사 본 로또가 1등에 당첨되고, 한 발 늦게 도착한 곳에서 1만 번째 고객 이벤트에 걸리기도 하고, 손대는 주식마다 대박이라면 부자가 될 수밖에 없을 것입니다. 만약 그렇게 운이 좋을 수만 있다면 말입니다. 하지만 그런 운을 타고난 사람이 세상에 몇이나 될까요?

　앞서 살펴본 숫자들은 개개인에게 큰 의미가 없을 수도 있습니다. 보고서와 설문조사 등에서 나온 소득과 자산 규모가 각각 생각하는 부자의 기준과 차이가 있기 때문입니다. 부의 기준은 스스로 정한 목표를 향해 실행하는 사람에게 의미가 있다고 생각합니다. 혹시 부자가 될 수 없는 게 아니라, 부자가 될 수 없는 생각과 행동만 골라서 하고 있는 건 아닐까요? 어제와 다른 생각을 하고 어제와 다른 사람들을 만나고 어제와 다른 행동을 해야 오늘 그리고 내일이 달라질 겁니다.

어떤 상황에서도 돈 벌게 해주는 재테크 3원칙

원칙, 원리 같은 단어들이 주는 힘이 있습니다. 이것만 잘 지키면 무슨 문제든 해결되고, 어려운 상황에도 명확하게 대처할 수 있다는 느낌이죠. 재테크에도 기본원칙이 있습니다. 바로 '수익성', '안전성', '유동성'이 그것입니다.

수익성

수익성은 해당 투자활동이 얼마만큼의 이익을 가져다 주는가 하는 것으로 재테크의 기본 중 기본입니다. 투자는 이익을 전제로 합니다. 행복감이나 삶의 가치 증대 같은 것들은 이익을 얻은 후 자연스레 따라오는 것입니다. 경제적 이익이 없이 심리적 이익만 있는 일이라면 사회활동이나 봉사활동이라 해야겠지요.

투자대상에 따라 수익성은 다릅니다. 투자자의 성향에 따라서도 목표로 하는 수익성이 다를 것이고요. 높을수록 좋겠지만 무작정 높은 수익성만을 바라보고 투자할 수는 없습니다. 그로 인한 리스크도 함께 올라가기 때문입니다.

안전성

안전성은 해당 투자 활동으로 인해서 원금이나 이자의 손실이 발생할 가능성은 없는가 하는 것입니다. 수익성과 대치되는 개념이라 할 수도 있습니다. 아무리 수익성이 좋다고 하더라도 안전성이 전혀 보장되지 않는 투자라면 선뜻 가지고 있는 돈을 내어놓기 쉽지 않을 것입니다.

주식이나 부동산 투자도 원금 손실의 위험성은 모두 가지고 있습니다. 다만 그 위험성의 범위가 다른 것이죠. 주식은 등락폭이 정해져 있고 급등락할 경우 사이드카와 같은 안전장치들도 갖추고 있습니다. 부동산도 내가 산 가격보다 하락할 수 있지만 10억 원짜리 아파트가 갑자기 내일 100만 원이 되는 경우는 거의 없을 겁니다. 설사 떨어진다 하더라도 그 집에 들어가 살면 되는 것이기도 하고요. 이것이 투자대상에 따른 안전성의 차이입니다.

유동성

유동성은 환금성이라고도 합니다. 언제든 필요할 때 쉽게 현금화할 수 있는 정도를 말합니다. 예금이나 적금은 그 즉시 사용할 수 있으니 유동성이 매우 좋다고 할 수 있고, 주식도 현금화에 며칠이 걸리지만 그래도 환금성이 좋은 자산입니다. 사고 파는 것도 어렵지 않습니다.

반면 부동산은 어떤가요? 아파트 같이 상대적으로 빠르게 매매가되는 물건도 있지만, 토지나 빌라처럼 매매가 쉽게 이뤄지지 않는 경우도 꽤 있습니다. 당장 다음주에 써야 할 돈이 있는데 땅을 팔아 자금을 활용하기에는 유동성이 너무나 떨어집니다. 유동성이 떨어지는곳에 투자를 하면 분명히 '내 돈인 것 같으면서도 내 돈처럼 쓸 수 없는 경우'를 겪게 될지도 모릅니다.

기본을 알고 개념을 이해하고 근간으로 만들어 두는 것은 중요합니다. 교통법규를 모두 알아야만 운전할 수 있는 것은 아니지만 꼭필요한 순간에, 또는 위험할 수 있는 순간에는 기본 법규를 지키는것만큼 안전하고 확실한 방법이 없겠지요.

재무관리도 마찬가지 아닐까요? 주식이든 채권이든 부동산이든P2P든 가상화폐든 투자대상이 무엇이든 간에 그것이 가진 수익성,

안전성, 환금성을 생각해 볼 필요가 있을 것입니다.

지금 내가 보유한 투자자산에 대해 '수익이 얼마나 나는가? 안전한가? 수익이 나고 안전하면서도 내가 원할 때 현금화할 수 있는가?'를 다시 한 번 돌아보기 바랍니다.

공감 안 가는 소득·소비 통계, 어떻게 해석해야 할까

우리는 남들과 달라지길 원하면서도 한편으로는 남들보다 못할까봐, 중간에도 못 미칠까봐 걱정하기도 합니다. 특히나 소득에 관한 것이라면 더욱 민감하게 반응합니다. 내가 버는 급여는 어느 정도 수준인지 뉴스기사에 나온 통계치와 비교하기도 합니다. 과연 우리가 생각하는 보통사람들은 얼마를 벌고 또 얼마를 쓰는지 두 가지 통계 자료를 살펴보고, 그 의미를 한발 더 깊게 생각해보겠습니다.

소득 통계의 허와 실?

2018년 3월 통계청에서 발표한 '2017 한국의 사회지표'에서 2016년 기준 임금근로자의 월평균 임금은 335만 원, 근로시간은 182시간입니다. 2인 이상 가구의 월평균 가구소득은 440만 원이고 소비지출은 255만 원입니다. 가구의 평균 자산은 3억 8,164만 원으로 이 중 25% 정도가 금융자산이며, 평균 부채는 7,022만 원입니다. 이 통계치를 보고 어떤 느낌이 드나요? 소득이 많은가요, 적은가요?

2018년 4월 신한은행에서 발표한 '서울시 생활금융지도' 소득편을 보면, 서울 직장인 평균 월급은 223만 원, 자영업자는 172만 원으로 파악됩니다. 벌써부터 통계청 자료와의 괴리가 보입니다. 전국 지표인 통계청 자료가 335만 원인데 누가 봐도 전국 평균보다는 높을 것 같은 서울 직장인 월급이 오히려 더 낮습니다. 한두 푼 차이도 아니고 무려 112만 원 차이가 납니다. 2/3 수준이네요. 이 정도면 통계자료의 의미가 무색해집니다.

통계로 알아보는 한국인의 소득과 지출 (2016년 기준)

월평균	임금근로자
임금	335만 원
근로시간	182시간

월평균	2인 이상 가구
임금	440만 원
소비지출	225만 원

가구기준	금액	비중
평균자산	3억 8,164만 원	100%
금융자산	9,541만 원	25%
부채	7,022만 원	18%

출처: 통계청 '2017 한국의 사회지표', 2018

서울의 지역별 평균 소득

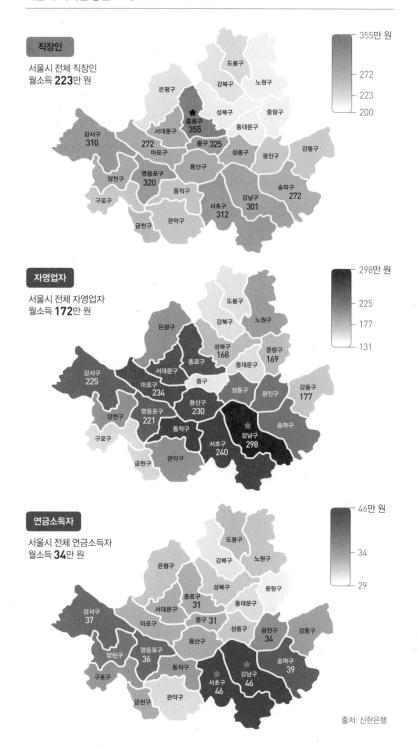

직장인

서울시 전체 직장인
월소득 **223**만 원

355만 원
272
223
200

도봉구
강북구
노원구
은평구
성북구
중랑구
서대문구
종로구
355
동대문구
마포구
중구 325
성동구
강서구
310
용산구
광진구
강동구
영등포구
320
양천구
동작구
구로구
서초구
312
강남구
301
송파구
272
금천구
관악구

자영업자

서울시 전체 자영업자
월소득 **172**만 원

298만 원
225
177
131

도봉구
강북구
노원구
은평구
성북구
168
중랑구
169
서대문구
종로구
동대문구
강서구
225
마포구
234
중구
성동구
강동구
177
용산구
230
광진구
영등포구
221
양천구
동작구
구로구
서초구
240
강남구
298
송파구
금천구
관악구

연금소득자

서울시 전체 연금소득자
월소득 **34**만 원

46만 원
34
29

도봉구
강북구
노원구
은평구
성북구
중랑구
서대문구
종로구
31
동대문구
중구 31
성동구
광진구
34
강동구
강서구
37
마포구
용산구
영등포구
36
양천구
동작구
구로구
서초구
46
강남구
46
송파구
39
금천구
관악구

출처: 신한은행

조금 더 살펴보겠습니다. 서울시 전문직 급여는 377만 원, 사무직 급여는 299만 원입니다. 연령별로 보면 30세 이하가 195만 원, 35세 이하 256만 원, 40세 이하 287만 원, 45세 이하 327만 원 등입니다. 기업 규모별로는 대기업 348만 원, 외감 중소기업 279만 원, 비외감 중소기업은 220만 원입니다. 자영업자의 월 소득은 172만 원으로 집계되었습니다. 이 숫자들에 대한 느낌은 어떤가요?

통계자료와 빅데이터를 분석했다는 두 곳의 숫자가 너무나 큰 차이를 보입니다. 무엇이 맞는지 알 수 없을 정도로 확연히 다릅니다. 그리고 통계의 정확도와는 별개로 언론에 소득관련 자료가 발표되면 비난의 댓글이 쇄도합니다. 나는 그만큼 못 버는데 도대체 어디서 이렇게 이상한 통계가 나왔느냐고 말이죠. 물론 오류가 있는 통계는 문제입니다만, 그렇게 통계 탓만 하면 바뀌는 것은 없을 겁니다.

소득보다 소비지출에 주목하라

통계청의 자료 중에 눈에 띄는 게 있습니다. 바로 소비지출입니다. '2인 이상 가구의 월평균 가구소득은 440만 원, 월평균 소비지출은 255만 원'이라고 하니 월평균 185만 원이 흑자입니다. 소득보다 이 흑자 수준에 더 눈길이 갑니다. 가계 소득 말고 가계 지출이나 흑자 수준을 비교하는 것이 스스로의 재무상태를 좋게 만드는 데 도움이 될 것입니다.

소득을 당장 늘리는 것은 쉬운 일이 아닙니다. 직장인이라면 승진을 하거나 연봉이 인상되어야 하고, 자영업을 한다면 매출이 늘어야 합니다. 다른 일을 추가로 해서 부가 수입을 얻는 방법도 있습니다. 길이 없는 것은 아니지만 원하는 만큼의 소득 증가를 즉시 만들어 내기는 여간 어려운 일이 아닙니다. 따라서 흑자를 늘리기 위해서는 지출을 관리해야 합니다. 지출은 즉시 줄일 수 있고 스스로 통제하기 쉽습니다.

부자가 되는 길을 단순화하면 딱 두 가지입니다. 많이 벌거나 덜 쓰거나. 그리고 중요한 건 생각만 그렇게 하는 게 아니라 실천을 하는 것이죠. 어떻게 소득을 높일 수 있을지, 어떻게 지출을 줄일 수 있을지 생각하고 실천하는 것이 훨씬 생산적인 일입니다. 통계자료와 기사를 보고 '평균이 이상하다' 할 게 아니라 내가 그 평균을 뛰어넘는 아웃라이어가 되면 됩니다. 지금 당장 줄일 수 있는 지출항목부터 찾아보는 건 어떨까요?

개인재무제표 반드시 필요한 이유

재테크 또는 투자를 하기 위해서는 자신의 재정 상태를 정확히 아는 것이 중요합니다. 지금 돈이 얼마가 있고 얼마를 벌고 쓰는지 파악한 뒤에 재무목표와 투자방향을 잡는 게 맞겠죠. 투자를 하면서도 주기적으로 나의 투자가 내 자산에 어떠한 변화를 가져오고 있는지 점검하는 것도 중요합니다.

이를 확인하기 위한 것이 '재무상태표'와 '현금흐름표'입니다. 재무상태표는 현재 자산이 어떻고 자본과 부채가 어떤 비중으로 구성되어 있는지 파악할 수 있는 표입니다. 현금흐름표는 수입과 지출 등 돈의 흐름을 확인할 수 있습니다. 기업이 재무제표를 통해 건전성과 수익성을 파악하듯 개인도 이를 통해 소득 및 소비 수준이나 자산 건전성을 파악할 수 있습니다.

재무상태표

재무상태표 예시

자산			부채와 순자산		
계정과목		금액	계정과목		금액
현금자산	현금자산	현금		단기부채	신용카드잔액	
		보통예금(국민)			신용대출(A은행)	
		보통예금(신한)			마이너스통장(B은행)	
		CMA(A증권)			기타 단기부채	
	투자자산	주식		장기부채	주택담보대출	
		청약저축			전세자금대출	
		기타 투자자산			임대보증금	
	보험자산	종신보험			기타 장기부채	
		연금보험		부채합계		
		정기보험				
비금융자산 (부동산)		A아파트				
		B아파트				
		C빌라				
		D오피스텔				
		E상가				
실물자산		주거용 자택				
		자동차				
		기타 실물자산				
자산합계			순자산		

재무상태표는 자산, 부채, 순자산으로 구성됩니다. 우리가 말하는 자산가는 사실 큰 부자가 아닐 수 있습니다. '자본'이 많은 자본가가 진짜 부자라고 할 수 있습니다. 총 자산은 많은데 부채도 아주 많아서 실제 가감을 하고 난 순자산이 얼마 안 되는 경우도 있습니다. 부동산 투자 역시 부채비율이 높아 순자산은 적은 경우가 있을 수도 있습니다.

현금흐름표

현금흐름표는 일정한 기간 동안 현금이 들어오고 나가는 것을 나타냅니다. 수입과 지출, 저축, 투자 등이 어떻게 이뤄지고 있는지 파악하는 것이죠. 보통 월급이나 월세, 기타 소득과 지출은 월별로 관리하기 때문에 현금흐름표의 기간도 월 단위로 하는 것이 일반적입니다. 현금흐름표를 작성하면 소득과 지출이 어떻게 구성되어 있는지, 어디를 늘리고 어디를 줄일지 쉽게 파악할 수 있습니다.

현금흐름표의 구성은 크게 수입과 지출로 나뉩니다. 지출은 고정지출, 변동지출, 저축과 투자, 수입은 근로소득, 이자소득, 배당소득 등으로 나뉩니다. 현금흐름표를 구성할 때 역시 세부내용을 적당히 구분하는 것이 좋습니다. 항목이 너무 많아지면 무엇을 어디에 넣어야 할지 모르고 귀찮아서 기록 자체를 그만두는 경우가 발생합니다. 반대로 너무 포괄적인 항목으로만 구분하게 되면 어디에 지출이 많고 무엇을 줄일 수 있는지 점검하기 힘들기 때문에 쓰는 의미가 무색

현금흐름표 예시

지출			수입		
항목		금액	항목		금액
고정지출	주택 원리금 상환		단기부채	본인	
	교육비			배우자	
	교통비		이자소득		
	통신비		배당소득		
	보험료		사업소득		
	전기, 가스, 수도		연금소득		
	관리비		임대소득		
	기타 고정지출		기타소득		
	합계				
변동지출	생활품				
	식비, 외식비				
	의복비				
	의료비				
	기타 변동지출				
	합계				
저축 및 투자	청약저축				
	펀드A				
	펀드B				
	연금				
	예금				
	합계				
지출합계			수입합계		
			월 순이익/순손실		

해집니다.

    재무상태표와 현금흐름표 작성을 통해 현재 자신의 재무상태를 정확하게 파악하고 나면 이후의 방향 설정이 쉬워집니다. 새어나가는 지출도 줄일 수 있고 생각지도 못했던 자산을 찾아내어 투자자금으로 사용할 수도 있습니다. 지금 바로 시작해보세요.

개인재무설계, 꼭 전문가에게 받아야 하나

재무설계란?

재무설계Financial Planning는 현재의 재무상태를 체계적으로 분석하고, 생애 단계별 목표를 설정해 다양한 영역에 대한 계획을 수립·실행하며 꾸준히 관리해 나가는 것을 말합니다. 이에 대한 전문지식을 갖추고 일반인들에 대한 상담 업무를 하는 전문가를 재무상담사FP. Financial Planner라고 하지요. 재무설계는 투자나 재테크와는 조금 다릅니다. 투자, 보험, 부동산, 상속, 세금 등 살아가며 발생할 수 있는 여러 가지 경제적 이벤트를 두루 아우르는 개념입니다.

재무설계 분야의 전문자격을 보유한 전문가도 지속적으로 증가하고 있습니다. AFPK(한국재무설계사)와 CFP(국제공인재무설계사)가 재무설계 분야의 대표적인 자격증이며, 한국FP협회가 이런 재무상담사의 역량강화와 커뮤니티 관리, 일반에 대한 재무상담 보급 및 홍보 업무를 합니다.

최근 재무관리 자격증을 취득하는 분들도 상당히 많아지는 추세입니다. 금융회사 취업을 위해 취득하거나 금융회사 입사 후 회사의 지원을 통해 교육 받기도 합니다. 예전에는 은행PB 등 금융회사의 특정한 분야에서 쓰이는 것으로 생각했지만 지금은 고객상담을 필요로 하는 곳이라면 어느 곳에서든 관심을 받고 있습니다. 과목이 다양하고 실무경험이 필요한 경우도 있어서 쉽지 않은데, 요즘은 젊은 층에서도 많이 취득하고 있습니다.

개인재무설계를 어느 곳에서 어떤 사람들을 통해 받을 수 있을까요? 재무상담사는 은행, 증권, 보험 등 거의 모든 금융사에 포진되어 있습니다. 가장 쉽게 '재무설계'라는 이름을 접할 수 있는 곳은 보험회사입니다. FC_{Financial Consultant}, FP_{Financial Planner}, RC_{Risk Consultant} 등 회사마다 다양한 이름으로 명명된 보험설계사들이 실제 많은 고객을 만나 '재무설계'로서 보험상담을 하고 있습니다. 물론 영역의 특성상 위험관리와 보험설계 위주로 상담이 진행될 가능성이 있긴 합니다. 하지만 은행PB 등이 고액 자산가 위주로 재무설계를 하고 관리하는 데 비해, 보험설계사는 상대적으로 자산규모를 가리지 않고 상담 받을 수 있습니다.

우리나라에서 종합재무설계를 받는 경우는 그리 많지 않습니다. 대부분 각 영역별로 이벤트가 생길 때마다 대처하는 방식을 취합니다. 보험은 보험설계사를 통해 상담 받고, 세금 문제가 생기면 세무사를 통해 상담 받고, 금융투자나 부동산 역시 따로 관련 전문가에게 상담 받는 형태를 보이죠. '재무설계'는 라이프사이클을 반영하고 다양한 삶의 이벤트들을 고려해 이뤄져야 하기에 기존 방식은 매우 단편적인 대응이라 할 수 있습니다. 물론 재무설계가 만병통치약은 아닙니다. 법률과 세무 등 보다 전문적인 지식이 필요한 경우는 재무상담사조차 다른 전문가의 조언을 구하기도 합니다.

재무설계의 현실과 한계

재무설계와 관련한 금융자격증 취득자는 매년 늘고 있습니다. 하지만 아직 우리 주변에서 개인재무상담을 제대로 받아봤다는 사람들을 쉽게 만나기 어렵습니다. 실생활과 동떨어져 있고 나와는 관련이 없는 듯한 느낌이 드는 이유는 왜일까요?

자산가 위주

재무설계, 재무관리라 하면 돈이 있어야 한다고 생각하기 마련입니다. 실제 우리나라의 FP 시장은 고액 자산가를 중심으로 움직입니다. 각 금융기관은 고액자산가를 모시기 위해 멋진 이름을 지어

PB_{Private Banking}센터를 만들었습니다. PB는 고액자산가를 관리하는 재무전문가로 인식되어 있고 실제로도 타깃 고객층을 그렇게 설정해 운영합니다.

PB라는 말 자체가 마치 돈을 많이 가진 사람들만 재무관리가 필요하다는 느낌을 줍니다. 하지만 정말 재무설계가 필요한 곳은 자산이 많지 않은 사람입니다. 자산이 많지 않으니 어떻게 벌고 어떻게 쓰고 어떻게 모아야 하는지에 대해 전반적인 관리를 받고 이를 통해 조금 더 나은 재무상태를 만들어야 합니다. 그럼에도 불구하고 자산가 위주로 이뤄지는 현실은 쉽게 변하지 않고 있습니다.

금융회사 중심

우리나라의 재무설계시장은 은행, 보험, 증권 등 금융회사 중심으로 움직입니다. 금융회사들은 고액자산가를 유치하여 금융상품을 통해 수익을 창출해야 하고, 고액자산가는 믿음직스러운 금융회사를 찾아 다양한 서비스를 제공받기를 원합니다. 서로의 이해가 맞기에 이렇게 움직이는 것입니다. 그러니 금융회사는 별로 이득이 되지 않을 일반인들에 대해서는 아무래도 관심을 적게 두기 마련입니다. PB센터에서 재무상담 받아보신 적 있으신가요?

주거래은행이라고 재무관리를 해주는 것도 아닙니다. 그저 우리가 자주 사용하는 통장이 있는 은행, 월급이 들어오는 은행을 스스로가 '주거래은행'이라고 여길 뿐입니다. 주거래은행은 우리의 짝사랑일 뿐, 생각보다 우대받는 부분은 별다를 것 없는 경우가 많습니다.

각종 금융수수료나 금리우대를 받을 수 있는 정도지만 그나마 다른 은행들과 비교해보면 딱히 더 좋지도 않기 마련입니다. 자산이 많지 않다면 적금에 가입하거나 대출을 받을 때마다 조건이 상대적으로 좋은 금융기관을 새로 찾아 나서는 것이 더 좋을 수 있습니다.

시장 미성숙과 보수 체계의 맹점

기존 금융사 외에도 재무설계를 제공하는 개인이나 회사가 늘어나는 추세입니다. 그럼에도 불구하고 아직도 개인재무설계라는 영역을 접하기가 쉬운 것은 아닙니다. 금융회사는 고액자산가 위주로, 개인은 나와 상관없는 영역으로 생각하기 때문일 수도 있겠지요.

이보다 앞서 근본적인 문제가 있습니다. 바로 재무설계에 대한 보상입니다. 우리는 재무관리를 받고 직접 상담사에게 그에 대한 대가를 지불하는 데 무척 인색합니다. '나는 돈을 맡기고 빌리는 고객인데 그 외에 돈을 또 지불해야 하는가'라는 생각이 들기 마련이지요. 여기에 큰 맹점이 있습니다.

상담에 대한 대가는 크게 보수Fee와 수수료Commission로 나눌 수 있습니다. 진정 나의 재무상태를 진단하고 정확한 상담을 받고 그에 대한 솔루션을 얻기 위해서는 재무상담을 받은 후 보수를 제공해야 합니다. 우리는 여기에 너무나 인색합니다. 재무상담사는 자신의 지식과 시간을 쏟아 재무설계를 합니다. 그리고 그들이 제공하는 서비스에 대한 반대급부가 있어야 합니다. 그게 보수나 수수료인 것이죠.

그런데 보수 기반의 시장이 미성숙하니 수수료를 받습니다. 수수

료는 누가 주나요? 금융회사가 줍니다. 이런 구조에서 재무상담사는
어떤 선택을 할까요? 수수료를 많이 주는 회사의 상품을 고객에게 제
안할 수밖에 없을 겁니다. 좋은 상담 한참 받고 최종 결정은 엉뚱한
것으로 하게 되는 꼴입니다. 진정한 재무상담을 받으려면 보수 기반
의 시장이 형성돼야 합니다.

나의 투자성향 파악하기

과거에는 투자상품에 대한 설명이 복잡하지 않았으나, 언젠가부터 투자자를 보호한다는 명목으로 투자자가 서명을 하거나 확인을 해야 하는 필수적인 서류가 많아졌습니다. 서명으로도 모자라 '설명을 들었음', '듣고 이해하였음' 등을 자필로 써야 하는 부분도 많습니다. 투자상품에 가입할 때는 투자자의 성향을 체크하는 항목도 포함되어 있습니다. 높은 수익을 추구하는 공격적인 투자자인지, 낮지만 확실한 수익을 추구하는 안정적인 투자자인지 등을 체크해 투자를 권유하는 금융기관에서도 이를 활용하고 참고하라는 의미입니다.

'지피지기 백전불태'라는 말이 있습니다. 적을 알고 나를 알면 100

번 싸워도 위태롭지 않다는 뜻이죠. 투자도 마찬가지입니다. 투자대
상을 알고 그것을 대하는 나의 성향을 알면 안정적으로 성과를 얻는
데 도움이 됩니다. 몰랐거나 지나쳐버린 나의 투자성향을 다시 확인
하고 투자에 활용하면 어떨까요?

표준투자권유준칙

'표준투자권유준칙'이란 자본시장과 금융투자업에 관한 법률에 따
라 금융회사의 임직원 등이 일반투자자인 고객에게 투자권유를 할
때 준수해야 할 절차와 기준 등을 정해놓은 것입니다. 주요 내용은
다음과 같습니다.

* 투자권유의 원칙: 정직, 공정, 고객에게 충분한 정보제공, 이해
  상충의 발생 방지 등.
* 고객 및 금융투자상품의 분류: 고객의 투자성향을 안정형, 안정
  추구형, 위험중립형, 적극투자형, 공격투자형의 5단계로 분류.
* 설명 및 위험고지: 금융투자상품의 내용, 투자에 따르는 위험,
  수수료 등 비용, 계약의 해제나 해지에 관한 내용 안내.
* 부당권유의 금지: 불확실하거나 오인할 수 있는 내용을 알리지
  말고, 고객이 투자권유를 거부한다면 더 이상의 권유 금지.
* 핵심설명서 및 계약서류 등의 교부: 투자자가 반드시 알고 있어
  야 하는 내용을 전달.
* 손실보전 등의 금지: 손실을 보전해준다고 말하거나 실제로 보

전해주지 않도록 하고, 일정 수익을 보장한다고 하거나 이외의
이익을 제공하지 말 것.

이 외에도 각 금융상품, 금융사별 지켜야 하는 사항들이 총 47조
에 걸쳐 규정되어 있습니다. 이 중 투자성향 파악에 대한 내용은 '고
객 및 금융투자상품의 분류'에 해당됩니다.

투자성향 파악하기

투자성향진단은 금융투자상품에 가입한 적이 있다면 한두 번쯤
접해봤을 겁니다. 하지만 상품을 가입하면서 금융회사 직원이 설명
해주는 내용이나 핵심설명서를 처음부터 끝까지 듣거나 읽어보는 경
우가 얼마나 될까 싶습니다. 일단 내용이 너무 많습니다. 알려줄 것
이 많으니 핵심만 모아서 꼭 읽어보라고 하는 핵심설명서조차 그렇
습니다. 내용 자체가 너무 많으니 '중요한 것만 알려준다'고 하는데
도 이 역시 자세히 이해하기 힘듭니다.

지금은 증권사를 비롯한 많은 금융기관에서 온라인으로 할 수 있
는 투자성향 진단을 제공하고 있습니다. 이를 통하면 굳이 금융기관
을 찾아가거나 설문지를 찾아 점수를 별도로 계산하지 않아도 자신
의 투자성향을 쉽게 확인할 수 있습니다. 설문 내용은 투자목적, 투
자경험, 위험선호도 등으로 구성되며 이를 점수화하여 총 다섯 가지
의 등급으로 투자자의 성향을 구분합니다.

고객투자성향별 적합한 금융투자상품 (펀드 및 펀드외 상품구분, 상품위험도 기준)

집합투자증권 (펀드)	매우높은위험	높은위험	다소높은위험	보통위험	낮은위험	매우낮은위험
펀드 외 금융투자상품	초고위험		고위험	중위험	저위험	초저위험
공격투자형 (1등급)	○	○	○	○	○	○
적극투자형 (2등급)			○	○	○	○
위험중립형 (3등급)				○	○	○
안정추구형 (4등급)					○	○
안정형 (5등급)						○

금융투자상품 위험도 분류표 (펀드, 신탁, Wrap 별도)

구분	초고위험	고위험	중위험	저위험	초저위험
채권	민평사에서 평가 안 되는 채권, 해외채권	BB+이하 등급 채권	회사채 (BBB+~BBB-)	특수채, 금융채, 회사채 (A-이상)	국고채, 통안채, 지방채, 보증채
CP·전자단기사채	신용등급이 없거나 B이하 등급		A3-~A3+ 등급	A1+~A2- 등급	
RP				외화RP	국내RP
파생결합증권 (사채)	원금 비보장형 ELS·DLS		원금 부분지급형 ELS·DLS	원금 지급형 ELB·DLB	
주식·ELW· ETF·ETN	주식신용거래, 관리종목, 투자경고종목, 투자위험종목, ELW, ETF, ETN, 해외주식	초고위험에 미포함된 국내 주식종목			
파생상품	장외파생상품, 국내 선물·옵션, 해외 선물·옵션, FX마진				

출처: 신한금융투자

투자성향과 상품별 위험도의 분류는 본인의 성향과 재무상태에 맞게 알맞은 투자상품을 선택할 수 있는 가이드가 됩니다. 다만 공격투자형이 좋다거나 안정형이 좋다고 딱 잘라 구분할 수 있는 것은 아닙니다. 각자의 성향에 따라 감내할 수 있는 리스크의 수준이 있고 그에 따라 예상되는 수익률의 수준이 결정될 뿐입니다. 또한 투자성향은 평생 고정되는 것이 아니라 투자 경험이 쌓이고 재무상태가 변화함에 따라서도 변경됩니다. 따라서 주기적인 점검으로 현재 상황에 맞는 투자목표를 정하고 원하는 수익을 위한 투자상품을 선택하는 것이 바람직할 것입니다.

계좌정보통합관리서비스

금융거래를 하다 보면 다양한 이유로 여러 금융기관에 계좌를 개설하게 됩니다. 이런 것들이 쌓이다 보면 어디에 몇 개의 통장을 만들었고 그게 살았는지 죽었는지 잊어버리는 경우도 생깁니다. 통장뿐만이 아닙니다. 보험도 어디에 뭘 가입했는지 가물가물하고 카드가 지갑에 있는 게 전부인지도 알쏭달쏭합니다. 매달 빠져나가는 자동이체가 많기는 한데 정확히 어디로 얼마나 빠지는지 잘 모르는 경우도 있습니다.

이런 답답한 상황을 한 번에 해결해주는 곳이 있습니다. 금융결제원에서 제공하는 '어카운트인포-계좌정보통합관리' 앱입니다. 이 앱을 이용하면 대부업을 제외한 국내 거의 모든 금융사의 정보를 한 번에 확인할 수 있습니다. 구체적으로 어떤 업무를 한 번에 처리할 수 있는지 알아보겠습니다.

① 계좌조회

본인이 보유한 계좌를 각 금융기관별로 조회할 수 있습니다. 상품명, 계좌관리지점, 연락처, 개설일, 최종입출금

일을 한눈에 파악할 수 있습니다. 어느 금융기관에 내 계좌가 숨었는지 찾아내고 소액 비활동성계좌인 경우 해당 계좌를 해지하여 고객이 원하는 계좌로 잔고를 이전하는 것까지 일괄 처리도 가능합니다. 오랫동안 계좌관리를 못 했다면 숨어 있는 자산을 찾아내는 행운이 있을지도 모릅니다.

② 보험조회

본인명의의 보험가입내역을 일괄 조회할 수 있습니다. 정액형 보험과 실손형 보험으로 구분하여 조회할 수 있으며, 계약상태, 계약자, 피보험자, 1회보험료, 납입주기, 보험사 연락처 등을 일괄로 확인할 수 있습니다. 나도 모르는 사이에 계약되어 있거나 납입이 안 되어 유예 또는 실효가 된 보험들을 찾아볼 수 있습니다.

③ 카드조회

신용카드 가입내역을 한 번에 확인할 수 있습니다. 어떤 카드를 어느 경로를 통해서 가입했는지, 최초발급일이 언제인지 확인할 수 있습니다. 지인이 가입해달라고 했거나 이벤트 때문에 가입한 후 자기도 모르게 유지되고 있던 신용카드를 확인하고 불필요한 카드를 정리하는 데 쉽게 활용할 수 있습니다.

④ 대출조회

대출약정건수와 대출금액 확인이 가능합니다. 어느 은행의 어느 지점을 통해 언제 얼마만큼의 대출을 실행했는지 알 수 있고 신용대출인지, 담보대출인지, 금융리스인지도 한 번에 볼 수 있습니다.

⑤ 자동납부 조회

카드사, 보험사, 대출 등으로 기관을 통해 등록된 자동이체 내역을 조회할 수 있습니다. 각 통장별로 자동이체 등록 현황을 파악할 수 있기 때문에 불필요하게 등록된 자동이체 내역이 있는지 쉽게 확인 가능합니다. 필요한 경우 즉시 해지 처리를 요청할 수도 있습니다.

⑥ 자동송금 조회

개인계좌에 대한 자동이체 내역을 조회할 수 있습니다. 이체기간, 이체주기, 자동송금일, 입출금메모 등을 확인할 수 있으며, 해지나 변경신청도 한 번에 가능합니다.

서울 아파트, 사회초년생인 제가 가질 수 있을까요?
비싸도 너무 비싼데, 뭐라도 방법이 없을까요?

이번 상승기를 거치면서 서울 아파트 가격이 많이 올랐기 때문에 사회초년생이 처음부터 서울 아파트를 사는 것은 힘듭니다. 서울 아파트를 마련하기 위해서는 레버리지를 이용해야 합니다. 은행으로부터 대출을 받거나 세입자로부터 전세금을 받아 구입할 수 있겠지요. 그러나 현재 전세가율이 많이 낮아졌기 때문에 전세 레버리지를 통해 매입하는 것은 사실상 어렵습니다. 여기에 대출 규제도 강화되었습니다.

이럴 때는 차근차근 내집마련을 해야 합니다. 서울과 가깝고 출퇴근이 용이한 곳에 내집을 마련하고, 대출금을 갚아나가면서 더 좋은 주택으로 갈아타야 합니다. 부동산 사이클은 돌고 돌기 때문에 지금 사회초년생이라면 앞으로 몇 번의 사이클을 경험할 수 있습니다. 언젠가 다시 전세가율이 상승하면 갭투자가 가능해지겠지요.

만약 현재 2억 원 정도의 자금이 있다면 입주권을 사는 방법도 있습니다. 현재 살고 있는 집을 줄여 투자할 수도 있겠네요. 입주권 중에서도 권리가액이 적은 물건을 고려하는 것이 좋습니다.

현재 1억 원 이하의 자금이 있다면 서울로 출퇴근이 용이한 지역에 내집마련을 해야 합니다. 비조정지역에서 조정지역, 투기과열지역, 투기지역 순으로 10년 마스터플랜을 세우는 게 좋습니다. 징검다리처럼 하나하나 밟아 최종적으로 서울로 입성하는 것입니다. 처음부터 무리해서 서울 아파트를 구입하는 것보다는 지금 내가 당장 할 수 있는 것에 집중하는 것이 좋습니다.

Part 02

금리를 알아야
'돈길'이 보인다

금리를 모르고 재테크할 수는 없다

기준금리, 가산금리, 대출금리, 고정금리, 변동금리… 이처럼 금리와 관련된 말들을 뉴스나 신문기사에서 자주 듣습니다. 익숙한 단어지만 정확히 알고 있다고 자신 있게 말하기도 어려운 것이 사실입니다. 과연 금리란 무엇일까요?

금리가 오르거나 내리면 무슨 일이 벌어질까

금리金利, Interest Rate는 원금에 지급되는 기간당 이자를 원금에 대한 비율로 표시한 것으로 '이자율'이라고도 합니다. 이자는 자금을 빌리고 이에 대한 반대급부로 주는 일정 비율의 금전을 뜻하지요. 금리를 '돈의 가격'이라고 하는 이유도 여기에 있습니다. 내가 사용하는 돈에 대해서 얼마의 가격(이자)을 지급해야 하는지 의미하기 때문입니다.

예를 들어 오늘 은행에서 1억 원을 대출 받는데 대출금리가 연 4%라고 하면, 내가 1억 원을 1년 동안 사용하는 데 따르는 가격이 400만 원(4%)이 됩니다. 5,000만 원짜리 자동차를 렌트해서 한 달간 사용하고 이에 대한 비용을 100만 원 지불한다든지, 2억 원짜리 건물을 빌려 사업을 하면서 연간 1,000만 원의 임대료를 지불한다든지 하는 것과 사실상 같은 개념입니다. 빌려주는 사람은 자금의 대여에 대한 반대급부로 돈을 받고, 빌리는 사람은 돈의 사용에 따르는 대가로 이자를 줍니다.

금리는 돈에 대한 가격이지만 실물경제 거의 모든 것에 영향을 미칩니다. 금리가 오르면 돈의 가격이 비싸지는 셈이니 돈을 빌려서 사업이나 투자를 하려던 사람들이 더 이상 돈을 쓰지 않게 됩니다. 돈을 빌려주고 이에 대한 이자로 생활하는 사람들은 이자를 더 받게 되는 셈이니 수익이 늘어납니다. 시중은행의 예·적금 금리가 높아지면 다른 곳에 투자를 했던 자금이 은행으로 모이기도 하고, 대출금리가 높아져 부동산 대출을 많이 받은 사람들의 이자부담이 늘어나 하우스푸어가 되기도 합니다.

이처럼 금리는 경제생활 전반에 영향을 미칩니다. 시장경제 테두리 안에서 살아가는 동안 금리에서 눈을 떼면 안 되는 이유이기도 합니다.

대출금리를 이루고 있는 요소들

우리 생활과 밀접한 금융기관들은 금리를 어떻게 결정할까요? 왜 은행과 상호금융과 캐피탈의 금리는 다르고, 사람마다 다른 금리가 적용될까요? 대출금리의 구성요소들을 통해 알아보도록 하겠습니다.

대출금리가 '기준금리＋가산금리'인 것은 알고 계실 겁니다. 하지만 그 안에 어떤 것들이 들어가는지, 특히 가산금리가 어떻게 구성되는지는 잘 알지 못하는 경우가 많습니다. 생각해보면 각종 식품의 성분표시에는 관심을 가지면서 더 큰 돈이 걸려있는 금리의 성분에는 너무 관심이 없는 건 아닐까요? 대출금리의 구조와 구성요소들을 통해 우리에게 적용되는 금리가 어떤 방식으로 만들어지는지 살펴보겠습니다.

대출금리는 무엇으로 이뤄져 있나

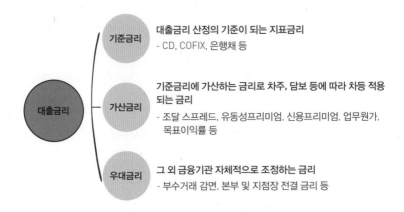

기준금리 대출금리 산정의 기준이 되는 지표금리
- CD, COFIX, 은행채 등

가산금리 기준금리에 가산하는 금리로 차주, 담보 등에 따라 차등 적용되는 금리
- 조달 스프레드, 유동성프리미엄, 신용프리미엄, 업무원가, 목표이익률 등

우대금리 그 외 금융기관 자체적으로 조정하는 금리
- 부수거래 감면, 본부 및 지점장 전결 금리 등

기준금리

기준금리는 대출금리를 구성하는 기초입니다. CD, COFIX(Cost of Funds Index, 은행연합회가 발표하는 은행권 자금조달비용지수), 금융채 등이 일반적으로 쓰이는 기준금리이며, 금융기관과 대출의 종류에 따라 차이가 있습니다. 기준금리의 변동성이 크면 대출을 해주거나 받는 쪽 모두에게 불확실성을 주기 때문에, 비교적 안정적이고 시장을 대표하는 것들을 씁니다.

대출 받을 때 고정금리와 변동금리 중 어떤 것을 선택해야 할지 고민하기도 하지요. 여기서 말하는 고정과 변동의 대상이 바로 기준금리입니다. 3개월 변동금리니, 6개월 변동금리니, 5년 고정금리니 하는 것들입니다. 해당 시기별로 기준금리가 변동되거나 고정됨을 의미합니다. 시중금리의 대세하락기에는 변동금리가 유리하고, 대세상승기에는 고정금리가 유리하다고 봅니다.

가산금리

가산금리는 대출을 받는 사람의 신용도나 대출 형태, 조건 등에 따라 차등하여 적용하는 금리입니다. 신용도에 따라 대출금리가 달라진다는 말은 정확히 말하면 가산금리가 달라진다는 의미입니다.

하지만 가산금리를 조금 더 들여다보면 꼭 신용도만 영향을 미치는 것은 아니라는 사실을 알 수 있습니다. 그 속에는 리스크프리미엄, 유동성프리미엄, 자본비용, 업무원가 등 다양한 것들이 녹아 있습니다. 자본을 조달하는 비용, 그 자본을 대출에 사용하는 비용, 그 대출을 신용도가 낮은 사람에게 실행하는 비용, 회사를 운영하거나 대출 자체를 실행하면서 들어가는 각종 비용 등이 포함됩니다. 이런 항목들로 인해 수신 기능이 있는 은행과 수신 기능이 없는 여신전문 금융기관의 가산금리에 차이가 생기고, 또 신용이 좋은 사람에겐 신용이 나쁜 사람보다 낮은 가산금리가 적용됩니다. 끝으로 금융회사가 취할 이익에 대한 목표이익률이 더해집니다. 가산금리는 이렇게 다양한 성분으로 구성됩니다.

우대금리

우대금리는 부수거래 감면이나 지점장 감면 등 금융회사 내부 기준에 따라 금리에 가감할 수 있는 항목입니다. 카드를 쓰거나 급여를 이체하면 0.1%씩 대출금리를 할인해주거나, 지점장이나 본부에서 특정 조건을 내걸어 조정하는 금리가 여기에 포함됩니다.

앞서 살펴본 기준금리, 가산금리, 우대금리는 우리가 시중 금융기관에서 대출을 이용할 때 대출 약정에 반드시 들어가는 내용입니다. 우리는 대출약정서를 작성하면서 금융회사 직원들이 불러주는 숫자들을 빈 칸에 써넣고 서명을 하라는 곳에 서명하기에만 바쁩니다. 정작 그 숫자들이 무엇을 의미하고 내가 사용하는 대출상품의 기준금리나 가산금리 구성 요소들은 무엇인지 모르면서 말이지요.

가산금리나 우대금리의 세부 내용이나 기준을 속속들이 다 알고 있을 필요는 없습니다. 다만 어떤 것들로 나의 금리가 정해지고 해당 금융기관에서 내가 우대를 받을 수 있는 조건들은 어떤 것이 있는지 알면 지금보다 조금 더 좋은 조건으로 금융상품을 이용할 수 있겠지요. 금리는 누군가가 정해주기만 하고 나와는 상관없는 것이 아니라는 점, 꼭 기억해야 하겠습니다.

한국은행 기준금리와 시중금리의 상관관계는?

　우리나라의 기준금리는 한국은행에서 정합니다. 매달 금융통화위원회를 열고 위원들의 의견을 모아 결정합니다. 한국은행에서 결정하는 기준금리는 여러 경제주체와 다양한 경제활동 영역에 영향을 미치기 때문에 모두가 관심을 갖고 지켜봅니다. 한동안 저금리 기조로 변동이 없었으나 최근 미국의 금리인상과 맞물려 더욱 이목을 집중시키고 있습니다. 여기서는 한국은행의 기준금리와 시중금리가 어떻게 움직이고 어떤 영향을 주는지 살펴보도록 하겠습니다.

한국은행 기준금리

기준금리란 한국은행의 최고 의사결정기구인 금융통화위원회에서 결정하는 정책금리를 말합니다. 한국은행과 금융기관 간 환매조건부채권RP 매매와 대기성 여수신 등의 자금거래를 할 때 적용되는 금리입니다. 단어가 조금 어렵지요? 예를 들어 한국은행에서 기준금리를 낮추면 시중은행들이 낮은 금리로 한국은행의 자금을 쓸 수 있고, 이렇게 되면 은행에서 가계나 기업에 빌려줄 때 대출금리도 낮아지는 효과가 발생하게 됩니다. 물론 예·적금과 같은 수신상품의 이자율도 따라서 낮아지게 됩니다.

한국은행 기준금리 추이를 살펴봅시다. 지난 2016년 6월부터

한국은행 기준금리 어떻게 변화해왔나

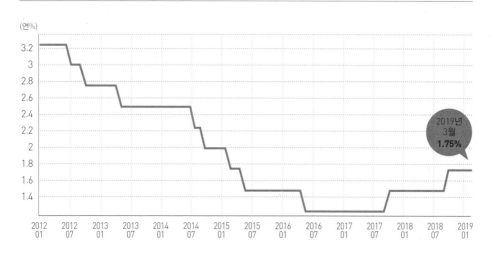

2017년 10월까지 거의 1년 반 동안 1.25%를 유지하다가 2017년 11월 0.25%p를 인상했으며 1년 만인 2018년 11월 다시 0.25%p를 인상하여 2019년 3월 현재까지 1.75%를 유지하고 있습니다. 2013년 이후 지속적으로 낮아졌던 한국은행 기준금리를 보면 '싸게 빌려줄 테니 투자해'로 이해할 수도 있겠습니다. 하지만 경기가 안 좋거나 안 좋을 것을 예상해 기준금리를 선제적으로 인하하는 경우도 있으니, 그렇게 단편적으로 생각할 것만은 아닙니다. 경제 전반에 많은 영향을 미치는 만큼 조정을 하는 데 많은 고민이 필요한 것이 한국은행의 기준금리입니다.

시중은행 대출금리의 움직임

앞서 설명한 것처럼 한국은행의 기준금리는 시장금리에 영향을 미칩니다. 그런데 한국은행 금리가 동결일 때도 시중은행 대출금리는 계속 올라가는 것 같은 느낌을 받을 때가 있습니다. 실제로 올랐을 수도 있고 느낌만 그럴 수도 있습니다. 신규대출을 받는 경우 기존보다 높은 수준의 가산금리를 적용해 전체 대출금리를 높일 수 있습니다. 기존 대출이라 하더라도 한국은행 기준금리 자체를 시중은행 대출상품의 기준금리로 사용하지 않고 CD나 COFIX의 기준금리를 쓰기 때문에 그에 따라서도 변동이 생깁니다. 시중은행의 신규취급액 기준 대출금리 추이를 살펴봅시다.

한국은행의 기준금리가 1.25%로 유지되었던 2016년 6월부터

시중금리 어떻게 변화해왔나

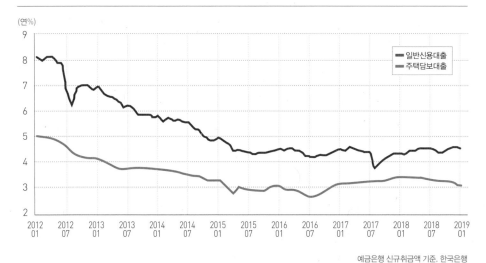

예금은행 신규취급액 기준, 한국은행

2017년 10월 사이에도 시중은행의 대출금리는 계속 변동하고 있습니다. 시중은행의 평균 주택담보대출금리는 2016년 2.66%을 최저점으로 해서 지속적으로 상승했습니다. 최근(2019년 1월 기준)에는 3%대 초반을 유지하고 있습니다. 한국은행 통계자료의 금리는 평균치이며 시중은행 기준의 금리이기 때문에 각 은행에 따라 또는 개개인의 신용등급 등에 따라 다소 차이가 있을 수 있습니다.

가끔 언론에서 주택담보대출금리가 4%대를 넘느니, 신용대출금리가 연일 상승하고 이자부담이 얼마가 늘어난다느니 하는 기사가 나오기도 합니다. 이는 눈에 띄는 제목과 주제를 내놓아야 하는 언론의 특성이 반영된 것이라고 보입니다.

시중금리는 다양한 이유로 상승과 하락을 합니다. 따라서 한국은

금리를 알아야 '돈길'이 보인다   61

행 기준금리 조정이나 또 다른 이유로 금리가 오를 수도 있고, 일부 주택담보대출을 4%대 금리 또는 그 이상으로 받는 사람이 있는 것도 맞습니다. 하지만 아주 일부 사람들에게 적용되는 높은 금리를 가지고 호들갑을 떠는 모습일 수도 있습니다. 이런 기사에서는 한국은행 통계를 쓰지 않고 최근의 은행대출금리, 그것도 일부 사례를 가져다가 기사로 내기도 합니다. 거시적인 평균 통계로 보면 생각보다 그리 드라마틱하지 않아 기사거리로서 흥미가 떨어지기 때문입니다.

실제 시장의 움직임

앞서 설명한 내용이 과거에 대한 이야기였다면, 이제 현재를 달리는 금융시장의 금리에 대한 이야기를 해볼까 합니다. 시시각각 민감하게 반응하는 금융시장의 모습이라고 보면 됩니다. CD, 국고채, 회사채 등 대표적인 시중금리의 움직임을 살펴보겠습니다.

한국은행의 기준금리 인하를 통한 하향 안정세로 2016년 중반까지 내리막길을 달려온 시중금리는 2016년 7월 최저 수준을 보인 이후 상승 반전했습니다. 2016년 하반기와 2017년 하반기에 급등세를 보이기도 하면서 꾸준히 상승세를 유지하다가 다소 안정된 모습을 보이고 있습니다.

이와 같이 시중금리는 한국은행의 기준금리와 따로 또 같이 움직입니다. 전체적인 큰 방향성은 비슷하게 가면서도 미국금리, 환율, 기타 경제지표의 변동에 따라 급격한 움직임을 보이기도 합니다. 시

실제 시장에서 금리의 움직임은?

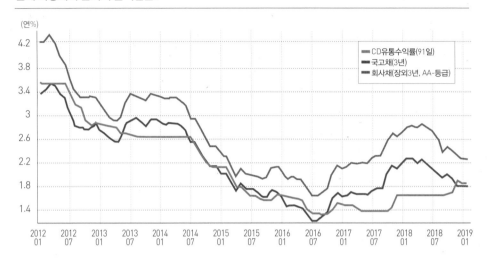

중은행들은 한국은행의 금리가 오르거나 또는 오를 거라는 이슈로
대출금리를 선행해 올리기도 합니다. 함께 올라가야 할 예금금리는
천천히 올리기도 하고요. 한국은행의 기준금리에 조금 더 관심을 갖
고 나에게 적용될 시중금리와의 관계도 살필 줄 알아야 하겠습니다.

금리 산출의 기준,
신용등급이란 뭘까?

    신용등급과 금리는 밀접한 관계를 가지고 있습니다. 신용등급이 좋으면 금리가 낮고, 나쁘면 금리가 높아집니다. 신용등급에 따라 같은 금융기관에서도 다른 대출금리를 적용 받게 됩니다. 또 일정 수준 이하의 신용등급인 경우에는 제1금융권에서 대출 받지 못하고 상호금융이나 캐피탈 등에서만 대출이 가능하기도 합니다. 경제생활을 하면서 빼놓을 수 없는 신용등급에 대해 알아보겠습니다.

신용등급이란

신용등급은 개인의 다양한 신용정보를 종합적으로 검토하여 점수를 내고 등급화한 것입니다. 점수와 등급이 좋을수록 향후 연체 등의 신용위험이 발생할 가능성이 낮다고 판단합니다. 금융회사에서는 개인에게 대출, 신용카드 개설 등을 해줄 때 NICE나 KCB 등 외부 신용평가기관의 신용등급을 참고하여 의사결정을 합니다.

신용등급은 가장 우량한 1등급부터 가장 위험한 10등급까지 총 10단계로 구분됩니다. 단계는 10등급까지지만 등급별 인원이 정규분포를 보이지는 않습니다. 3등급까지의 누적 백분위가 35% 정도, 4등급이 50%가량 됩니다. 따라서 중간인 4~6등급이 가장 많을 것이라는 생각은 맞지 않습니다. 금융기관에서도 4~6등급을 가진 고객을 신용등급이 좋다고 분류하지는 않습니다.

신용위험도

금융기관에서는 각 신용등급을 받은 사람들을 같은 위험등급으로 보고 등급별로 위험도를 부여합니다. 예를 들어 '신용등급 3등급의 신용거래 위험률이 0.2%다'라면, 3등급을 받은 사람들이 1,000명이 있을 경우 그중 2명 정도는 1년 내에 장기연체 등 채무불이행을 할 가능성이 있다고 보는 것입니다. 금융기관이 돈을 떼일 가능성을 의미한다고 보면 됩니다.

신용등급이 나빠질수록 신용거래 위험률은 높아지기 때문에 은행권에서는 신용거래가 점점 어려워집니다. 하위등급은 신용거래 위험률이 10%가 넘는데, 이는 10명 중 1명 이상이 채무불이행 가능성이 있다는 의미입니다. 이 정도 위험률이면 은행에서는 대출을 받기가 어렵습니다. 제2금융권으로 갈 수밖에 없습니다. 그러면 금리가 비쌉니다. 금리가 왜 비쌀까요? 못 갚을 가능성이 높아서, 즉 금융기관이 부담해야 할 위험이 높기 때문에 그렇습니다.

내가 의도치 않게 8등급 정도 되면 아무리 주변 평판이 좋고 은행

신용거래 위험률(불량률)

구분	인원(천 명)		비중		불량률	
	KCB	NICE	KCB	NICE	KCB	NICE
	2017년 12월	2017년 12월	2017년 12월	2017년 12월	2016년 12월	2016년 12월
1등급	7,059	11,189	15%	25%	0.1%	0.1%
2등급	7,182	7,914	16%	18%	0.2%	0.2%
3등급	8,202	3,406	18%	8%	0.3%	0.3%
4등급	8,609	6,327	19%	14%	0.6%	0.5%
5등급	6,869	7,027	15%	16%	1.3%	0.6%
6등급	3,348	5,152	7%	11%	3.6%	1.9%
7등급	1,914	1,279	4%	3%	7.7%	6.0%
8등급	1,626	1,242	4%	3%	17.6%	9.9%
9등급	658	1,244	1%	3%	35.8%	12.6%
10등급	420	365	1%	1%	74.9%	36.0%
Total	45,887	45,145	100%	100%	1.7%	1.6%

에 잘 갚겠다는 약속을 해봐야 의미가 없습니다. 제2금융권으로 넘어가서 매우 높은 이자율을 감당할 처지에 놓이게 됩니다. 남들이 부담해야 하는 금리를 같은 등급에 있는 사람들이 연대책임을 진다고 할까요? 그러니 한 등급이라도 높은 것이 좋고, 높은 등급을 유지하는 것이 좋습니다.

신용평가

개인신용등급은 다양한 신용정보를 종합하여 통계적 방법을 통해 산출합니다. 이렇게 산출된 평점은 금융기관에서 대출을 받거나 신용카드를 만드는 등의 신용거래에 활용됩니다.

신용평가요소를 크게 구분하면 신용행동, 신용여력, 신용성향으로 나눌 수 있습니다. 이 중 신용여력과 신용성향은 가점의 형태로, 실질적으로는 신용행동으로 점수가 매겨진다고 보면 됩니다. 신용행동을 세부적으로 살펴보면 상환이력, 현재부채, 신용거래기간, 신용거래형태, 신용조회정보로 나뉩니다.

평가요소 중 비중이 높은 것은 상환이력정보, 현재부채수준, 신용거래형태 등입니다. 연체정보가 없는지, 현재의 부채 수준이 소득에 비해서 적절한지 등을 파악합니다. 은행대출을 중심으로 건전한 신용거래를 하는지, 카드론이나 현금서비스 등 단기 고금리 신용거래를 하는지, 대출 상품을 몇 개나 이용하고 있는지도 중요한 평가요소입니다.

NICE와 KCB의 평가요소 반영 비중

회사명		NICE평가정보	KCB
상품(사이트)명		NICE지킴이	올크레딧
평가요소별 반영 비중	상환이력정보	40%	24%
	현재부채수준	23%	28%
	신용거래기간	11%	15%
	신용거래형태	26%	33%
	신용조회정보	0%	0%

출처: 각 사 사이트

　NICE와 KCB의 특징과 평가요소에 따른 반영 비중을 비교해봅시다. 기관별로 평가에 활용하는 지표와 그것을 분석하는 로직에 차이가 있기 때문에 산출된 개인신용등급도 달라질 수 있습니다.

세부 평가요소

상환이력정보

　상환이력정보란 '빌린 돈을 얼마나 잘 갚았느냐' 하는 것입니다. 줄 돈을 제때에 잘 주면 돈을 받아가는 입장인 금융기관이나 채권자나 임차인이나 아무 말이 없습니다. 안 갚을 때가 문제지요. 상환이력정보는 개인신용에 상당히 큰 부분을 차지합니다. 빌린 돈 잘 갚는 게 기본 중 기본인데 그걸 안 지켰으니 위험하다고 판단하는 것입니다.

소액이라도 연체하면 안 되고 회생, 면책, 신용회복 같은 것도 하면 안 됩니다. 이미 이 정도면 신용등급이 망가진 상황이겠지요. 연체정보는 그 활용기간이 무척 깁니다. 그러니 발생하지 않도록 미리미리 챙기는 것이 중요합니다. '소액은 괜찮겠지', '금방 처리하면 괜찮겠지'라는 생각은 일찌감치 접어두는 것이 신용관리에 이롭습니다.

현재부채수준

대출계좌 개설, 해지, 상환과 카드사용에 관한 정보를 봅니다. 대출을 많이 받으면 안 좋지만 아예 없는 것도 좋다고 보기 어렵습니다. 자신에게 맞는 수준의 대출을 사용하고 이를 잘 갚으면 신용도 평가에 유리합니다. 카드는 한도를 가득 채워서 쓰기보다는 어느 정도 여유를 가지고 사용하는 것이 좋습니다.

신용거래기간

자신의 신용을 올리기 위해서는 '날 믿어봐'라고 하고 '믿을 만하네'라는 결과를 보여줘야 합니다. 잘 빌리고 잘 갚아야 한다는 이야기입니다. 대출계좌를 너무 단기적으로 만들었다 갚았다 하거나 금액을 쪼개서 여러 번 빌리는 등의 금융활동을 하면 신용등급에 부정적인 영향을 미칩니다. 지인이 은행에 입사하면 별다른 고민 없이 만들어주는 신용카드도 신용관리에는 썩 좋지 않습니다.

신용거래형태

대출을 사용하더라도 얼마를 어떤 형식으로 받고 있는지도 중요합니다. 1억 원 한 건보다 1,000만 원 다섯 건이 훨씬 안 좋습니다. 대출은 은행 위주로 받고 한두 군데로 집중하는 것이 좋습니다. 특히 고금리 대출이 많다면 신용평점에 부정적인 영향을 미치기 때문에 주의해야 합니다.

신용조회정보

신용조회만 해도 불이익을 받는 거 아니냐는 의문을 가진 사람들이 많습니다. 조회만으로 신용평가에 영향을 미치지는 않습니다. 너무 걱정하지 않으셔도 됩니다. 신용거래가 없어 신용평가가 어려운 경우는 신용개설용 조회기록 정도를 일부 활용하기도 합니다.

신용여력

가점항목입니다. 소득에 비춰 갚을 능력이 얼마만큼인가를 판단하는 지표입니다. 소득이 많으면 좋고 갚을 돈이 적으면 좋습니다. 아예 빚이 없으면 신용여력은 좋겠지만 신용을 평가할 수 있는 방법도 없으니 신용등급이 꼭 좋지만은 않을 수도 있습니다. 대출도 하나 없는데 왜 신용등급이 5~6등급이냐 하는 경우가 생기는 이유입니다.

신용성향

신용여력과 더불어 가점항목입니다. 세금이나 건강보험 등 꼭 내야 하는 돈을 잘 냈는지 체크합니다. 신용관련 교육이나 자격증에도 가점을 줍니다.

개인신용평가체계를 바탕으로 신용관리를 위해 체크할 내용을 요약해보면 다음과 같습니다.

* 아예 없는 것보다 적정 수준의 대출과 카드 사용이 더 유리.
* 연체는 금물, 과도한 대출과 신용카드 사용도 금물.
* 이왕이면 은행권을 이용하고 대출은 한두 곳으로 몰아 고액으로 대출건수를 적게 유지.
* 카드론과 현금서비스 등 단기적이고 즉흥적이라고 판단될 수 있는 금융상품 사용 자제.

나의 금리 사용법

은행에서 대출을 받을 때 최종 금리는 하나로 확정이 됩니다. 하지만 그 속을 들여다보면 기준금리, 가산금리, 우대금리 등 다양한 요소들이 숨어 있습니다. 각 항목들이 실제 대출금리에 어떻게 녹아 있는지, 어떻게 하면 나에게 가장 유리한 조건의 금리를 적용 받을 수 있을지 살펴보겠습니다.

시중은행의 아파트담보대출 상품 금리안내 표를 봅시다. 이 표를 참고로 각 항목이 가진 의미와 활용방법을 하나씩 풀어보겠습니다.

시중은행 아파트담보대출 상품 금리안내

(%)

금리구분	기본금리	가산금리	우대금리	최고금리	최저금리
금융채(5년)	2.64	2.15	1.10	4.79	3.69
COFIX(잔액)	1.62	2.35	1.10	3.97	2.87
COFIX(신규)	1.62	2.45	1.10	4.07	2.97

기준금리 사용법

기준금리는 금리 산정의 가장 기본이 되는 것으로 은행권에서는 주로 COFIX(은행연합회가 발표하는 은행권 자금조달비용지수)를 사용합니다. 물론 모든 대출상품의 기준금리를 COFIX로 하는 것은 아닙니다. COFIX 외에 금융채를 사용하기도 하고 기업금융의 경우 CD를 사용하기도 합니다.

고정금리와 변동금리라는 말의 의미도 바로 이 기준금리의 움직임을 기준으로 합니다. 우리가 일반적으로 말하는 3개월, 6개월, 1년 변동금리라는 말은 기준금리가 해당 개월마다 변동하는 것을 그 대출에 적용한다는 것을 의미합니다. 대출 시의 기준금리가 표의 COFIX(신규) 기준으로 1.62%라 하더라도 3개월 후 다음 금리 변경일에 0.1% 올랐다면 전체 대출금리도 똑같이 0.1% 오르게 됩니다.

그렇다면 이 기준금리를 통해 우리의 대출금리를 낮출 수 있을까요? 불가능하다고 보는 게 맞습니다. 기준금리로 사용하는 COFIX, 금융채, CD 등은 대출 시 은행이 마음대로 정하는 것이 아닙니다. 대출 실행일 기준 공시된 것으로 정해집니다. 상품이나 금융기관별로 기준금리가 상이한 경우가 있으니, 대출 받을 때 내 금리는 무엇을 기준금리로 쓰고 있는지 알아보는 것이 좋습니다. COFIX나 CD 등은 변동성이 적은 편이긴 하지만 시중금리가 급격하게 변화하는 시기에는 급등락이 있을 수 있으니 그 부분도 참고할 필요가 있습니다.

내가 받은 대출상품이 어떤 것을 기준금리로 사용하는지 알고 있어야 이슈 발생 시 대응할 수 있습니다. 해당 금리만 급등락을 거듭한다면 보다 안정적인 기준금리를 사용하는 상품으로 갈아타는 것도 하나의 방법이 될 수 있습니다.

가산금리 사용법

가산금리는 대출 받는 사람의 신용이나 상품에 따라 차별하여 적용되는 금리를 말합니다. 신용등급에 따라 다르고, 담보대출이냐 신용대출이냐에 따라서도 다릅니다.

담보대출의 경우 담보물에 근저당을 설정하고 안 갚으면 경매로 처분해서 대출원금과 그 동안 밀린 이자, 그리고 연체이자까지 회수가 가능하니 신용대출에 비해 상대적으로 금리가 낮습니다.

신용대출은 개인신용만으로 금리를 산출하기 때문에 등급별로 금리 차이가 꽤 납니다. 신용등급별 불량률이라는 것이 있어서, 이걸 기준으로 신용등급에 따른 연체 가능성을 추정하게 되고 이를 금리 산출에 반영하다 보니 그렇습니다.

등급별 비중

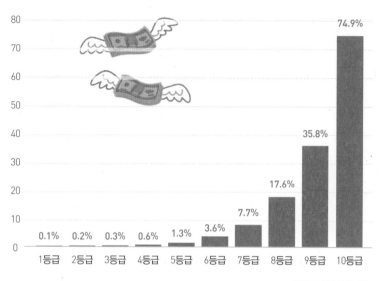

KCB, 2016년 12월 기준

KCB 기준 등급별 불량률을 알아봅시다. 1등급과 7등급을 비교해 보겠습니다. 그래프를 보면 1등급은 불량률이 0.1%, 7등급은 7.7% 입니다. 이 말은 신용대출을 각각 1,000명에게 해줬을 때 1등급은 90일 이상 연체할 사람이 1명, 7등급은 77명이 된다는 의미입니다. 금융회사에서 각각 1억 원씩 빌려줬다면 1등급의 고객군에서는 회수 못하는 돈이 거의 없을 것이고, 7등급의 고객군에서는 77억 원을 떼일 위기에 처하게 됩니다. 그러니 이런 위험성을 금리 산정할 때 반영하는 것입니다.

본인의 신용등급이 7등급이라고 하면, "나는 다른 사람과 달라서 연체 같은 것은 전혀 할 생각이 없고, 꼬박꼬박 잘 갚을 거야'라고 아무리 말을 해봐야 소용이 없습니다. 은행이 믿는 것은 고객의 말 한마디가 아니라 객관적으로 드러난 신용등급이기 때문입니다. 어찌 보면 진짜 안 갚을 것 같은 사람들과 같은 신용등급에 있다는 이유만으로 손해를 본다고 할 수도 있습니다. 그러니 본인의 신용등급을 미리 잘 관리할 필요가 있습니다. 만약 다른 사람이 돈을 빌려달라고 하는데, 그 상대방이 9등급, 10등급이면 쉽게 빌려줄 수 있겠습니까?

우대금리 사용법

개인별로 '금리를 낮추는 방법'에 대해 알아보겠습니다. 기준금리는 정해진 상태니 그대로 두고 가산금리를 낮춰야 합니다. 가산금리는 본인의 신용등급과 대출의 종류 그리고 금융기관별로 적용되는 우대금리 등이 반영됩니다. 신용등급은 대출을 받는 시점에 수시로 쉽게 변경할 수 있는 것이 아닙니다. 대출의 종류도 마찬가지입니다. 주택담보대출과 신용대출은 대출의 성격자체가 다릅니다. 결과적으로 어떻게 우대금리를 잘 받을 수 있을까 하는 내용으로 귀결됩니다.

먼저 은행 거래실적 등에 따른 우대금리입니다. 급여이체, 신용카드 사용, 공과금 자동이체 등이 대표적인 항목입니다. 다음 그림은 한 시중은행에서 아파트주택담보대출을 받을 때 적용 받을 수 있는 우대금리입니다. 거래실적, 상환방법, 우량고객 여부 등의 항목들이 우대금리 산정 시 적용됩니다. 거래실적 중 급여이체나 카드, 공과금

아파트주택담보대출 받을 때 적용 받을 수 있는 우대금리

┃ 우대금리

① 거래실적에 의한 우대금리 : 최고 1.2% 이내 우대 가능
- 공과금(지로)/관리비 이체시
  - 최근 3개월내 이체실적 1회 이상 0.2% 〈자동〉
- 신한카드(신용) 당행결제계좌 지정 및 최근 3개월 매입실적 50만원 이상 0.2% 〈자동〉
  * 단, 체크카드 최근 3개월 매입실적 50만원 이상 : 0.1% 이며 신용카드와 중복 적용 불가
- 예금/적금/청약저축/연금신탁 일정잔액 유지시
  - 잔액 30만원 이상 계좌 보유시 0.3% 〈자동〉
- 급여이체 일정금액 거래시 또는 MyShop 케어 추가 충족시 : 0.3% 〈자동〉
  - 최근 3개월내 1회 50만원 이상 급여이체가 확인되는 경우 또는 최근 3개월 내 3개 이상 카드사(신한카드 포함)로부터 매출대금 당행으로 입금되는 경우
- 신한SOL(인터넷,폰뱅킹포함) 이체실적 존재시
  - 최근 3개월내 이체실적이 있는 경우 0.1% 〈자동〉
- 기초생활수급자/장애인/국가유공자 0.1%
- 국토부 부동산 전자계약 시 : 0.2%

② 대출 금액의 10% 이상 분할상환 감면금리(전세) : 0.2%

③ 최고 우대금리(①+②) : 최고 1.4%이내 우대 가능

출처: 신한은행

등은 대출 시 해당 은행 통장을 사용하고 있지 않더라도 바로 변경하면 대출 심사에 반영해줍니다. 다만 너무 주거래은행에 매달릴 필요는 없습니다. 보다 낮은 대출금리를 알아보려면 되도록 많은 금융기관을 알아보는 것이 맞습니다.

한 번 정해진 금리가 영원한 금리는 아니다

먼저 기존 대출의 금리를 확인해보세요. 이제 막 금융에 발을 내밀었다면 모르겠지만 사회생활을 한동안 했다면 그래도 대출 몇 번씩은 받아봤을 테고 보유 중인 대출이 여럿인 경우도 있을 겁니다.

오래된 대출이 있다면 다시 한 번 살펴보세요. 기준금리가 무엇으로 되어 있고 거기에 가산금리가 얼마나 적용되고 있는지. 만약 가산금리가 높다면 대출 갈아타기를 적극적으로 알아보는 것이 좋습니다. 가산금리는 대출 당시 정해지기 때문에 수년간 유지하고 있던 대출이라면 상대적으로 고금리(높은 가산금리)일 수 있습니다. 금융사 입장에서는 저금리 시대에 높은 이자를 내는 고마운 고객이지만, 고객 입장에서는 금융회사 좋은 일만 시키는 셈일 뿐입니다.

금리인하 요구권 제도를 활용할 수도 있습니다. 대출 당시 조건보다 지금 내 상태가 좋아졌다면 금융기관에 그 내용을 반영하여 금리인하를 '당당하게' 요구하는 것입니다. 은행에서는 소극적일 수 있겠습니다만 개인이라면 금리인하 요구조건에 해당하는 이벤트가 발생했을 때 적극적으로 활용할 필요가 있습니다.

가계대출금리인하 요구조건

* 직장의 변동: 신용등급이 향상된 직장으로의 이동 등 보다 안정적인 직장으로 이직한 경우.

* 연소득의 변동: 연소득이 여신의 신규, 대환, 재약정, 연기시점 대비 상당히 증가한 경우.

* 직위의 변동: 여신의 신규, 대환, 재약정, 연기시점 대비 동일 직장에서 직위가 상승한 경우.

* 전문자격증 취득: 은행에서 인정하는 전문자격증을 취득하고 현업에 종사하는 경우.

* 거래실적 변동 등: 거래 실적에 의한 우대금리 적용 조건을 충족한 경우.

* 신용등급 개선.

최고금리 인하는
나와 상관이 없을까?

2018년 2월, 대부업법과 이자제한법의 시행령이 통과되어 최고 금리가 연 24%로 낮아졌습니다. 대부업자와 여신기관 등은 물론이고 사인(특수한 관계가 없는 사이) 간의 거래에서도 최고금리는 연 24%를 초과할 수 없습니다. 지금 보유하고 있는 대출이 최고금리 구간의 이자를 내고 있는 경우는 거의 없을 겁니다. 하지만 내가 최고금리를 낼 일이 없다고 해서 최고금리 변화가 아무 의미 없고 동떨어진 이야기는 아닙니다. 어떤 의미에서 그런지 알아보겠습니다.

전반적인 금리가 어떻게 변할까?

신용등급의 각 등급별 비중을 보면 3등급 이상이 50% 전후로 대부분 높은 등급을 유지하고 있습니다. 낮은 등급 쪽으로 눈을 돌리면 7등급 이하 10% 전후, 9~10등급은 채 2~3% 수준밖에 되지 않습니다. 이에 비춰보면 최고금리구간의 대출을 받는 사람들이 그렇게 많지 않을 것이라고 짐작할 수 있겠습니다.

연 이율 24%라고 하면 아직도 매우 높은 금리로 보일 수 있습니다. 그리고 대부분의 사람들은 금융기관에서 이 정도로 높은 금리의 대출상품을 이용하지 않고 있습니다. 최고금리 인하가 피부로 와닿지 않는 이유입니다. 우리의 바람은 최고금리 인하가 아니라 내가 현재 사용하고 있고 앞으로 사용할 대출금리가 전반적으로 낮아지는 것이지요. 최고금리가 낮아진다고 해서 실제로 전체 금리가 2~3%씩 낮아질 가능성은 크지 않다고 보는 것이 맞습니다. 한번 생각해보세요. 이미 최고금리와는 한참 먼 낮은 금리로 대출을 받아 법적으로 이슈도 없는 고객을 금융회사에서 일부러 찾아내 금리를 내려줄까요?

즉, 기존에 최고금리를 적용해야 했던 일부 사람들에게만 영향을 미친다는 뜻입니다. 이 사람들에겐 그나마 대출이라도 해주면 다행이라고 할 수도 있습니다. 해당 금리로는 수지가 맞지 않는다며 고금리 구간에 있던 고객에 대한 대출을 거절할지도 모릅니다.

중도상환수수료율과 연체이자율의 조정

최고금리 인하가 일반 고객에게 고루 영향을 미치는 것은 중도상
환수수료율과 연체이자율입니다. 최고금리 인하는 단순히 대출금리
의 인하만을 의미하는 것이 아닙니다. 각종 수수료와 연체이자 등을
모두 합해서 법정 최고이자율을 넘으면 안 됩니다. 그래서 수수료와
연체이자율이 줄줄이 낮아지게 됩니다. 이는 신용등급이 우량한 사
람들에게도 영향을 미치는 부분이기 때문에 중요합니다.

중도상환수수료 연환산 예시

금리	중도상환수수료		합계
	1달 후	연환산	
4.0%	3.0%	36.0%	40.0%
4.0%	2.5%	30.0%	34.0%
4.0%	2.0%	24.0%	28.0%
4.0%	1.5%	18.0%	22.0%
6.0%	3.0%	36.0%	42.0%
6.0%	2.5%	30.0%	36.0%
6.0%	2.0%	24.0%	30.0%
6.0%	1.5%	18.0%	24.0%
8.0%	3.0%	36.0%	44.0%
8.0%	2.5%	30.0%	38.0%
8.0%	2.0%	24.0%	32.0%
8.0%	1.5%	18.0%	26.0%

(주황색 표시는 최고금리 초과 부분)

앞페이지의 표를 보면 대출금리보다 중도상환수수료에 최고금리가 민감하게 움직이는 걸 알 수 있습니다. 수수료는 한 달을 써도 그대로 받기 때문에 이것이 연 이율로 환산되면 엄청나게 높아집니다. 감독규정에 따라 그 기준을 초과할 수 없기 때문에 반대의 작용으로 중도상환수수료가 낮아집니다.

연체이자율도 마찬가지입니다. 기존 신용대출이 12%에 연체이자율 15%를 받았다면, 이제 연체이자율이 12%로 낮아집니다. 카드론, 현금서비스, 리볼빙 등도 다 마찬가지죠. 최고금리 인하는 이런 쪽에서 모두에게 영향을 미칩니다.

앞으로도 최고금리는 낮아지는 방향으로 움직일 것으로 보입니다. 최고금리 변동 때마다 나오는 상관없는 먼 애기로 생각하지 말고 항상 눈과 귀를 열어두세요. 최고금리가 낮아지면 함께 좋아지는 것입니다.

COFIX와
중도상환수수료의 속마음

이번에는 대출과 관련된 두 가지 큰 키워드를 자세히 알아보도록 하겠습니다. 하나는 은행의 대표적인 기준금리로 사용되는 COFIX, 다른 하나는 대출과 떼려야 뗄 수 없는 관계인 중도상환수수료입니다.

COFIX

앞서도 언급했던 COFIX는 국내 8개 은행들이 제공한 자금조달 관련 정보를 기초로 하여 산출되는 자금조달비용지수를 의미합니다.

COFIX 금리, 2019년 2월

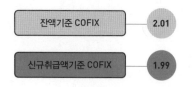

*잔액기준 COFIX: 정보제공은행들의 월말 지수산출 대상 자금조달잔액에 적용된 금리를 가중평균한 금리지수.
*신규취급액기준 COFIX: 정보제공은행들이 월중 신규로 조달한 지수산출대상 자금에 적용된 금리를 가중평균한 금리지수.

크게 잔액기준 COFIX와 신규취급액기준 COFIX로 나뉩니다. 일반적인 신규대출의 경우 신규취급액기준 COFIX를 많이 적용합니다. 단기 COFIX도 있는데 만기 3개월 이내인 단기자금에만 적용하는 COFIX 금리로 개인대출과는 크게 상관이 없습니다.

이것이 COFIX 금리의 정의입니다. 이 중 정보제공은행은 국민, 신한, 우리, KEB하나, NH농협, SC, 기업, 씨티 총 8개사가 해당됩니다. 자금조달비용은 은행이 금융상품을 통해 자금을 조달할 때 부담하는 이자율로, 정기예금, 정기적금, 상호부금, 주택부금, 양도성예금증서, 환매조건부채권매도, 표지어음매출, 금융채(후순위채 및 전환사채 제외) 등의 금융상품이 해당됩니다.

COFIX 금리는 8개 은행이 조달하는 자금의 비용(금리)에 연동하게 됩니다. 종종 예·적금은 금리가 안 올라가도 대출 실행 시 COFIX만 올라가는 것처럼 보일 때가 있습니다. 이는 COFIX 산출에 예·적금뿐만 아니라 CD나 금융채 등 다양한 금융상품이 포함되기 때문입니다. 시중 금리가 오르면 금융채나 기타 조달 비용도 상승할 것이고

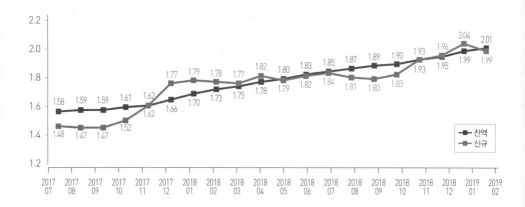

이것이 COFIX에 반영되는 것입니다. 물론 거기에 금융기관의 수익을 더 붙일 수도 있겠습니다.

최근 잔액 및 신규취급액 COFIX 금리 추이를 살펴봅시다. 2017년 말 신규취급액 COFIX 금리가 빠르게 올라간 걸 볼 수 있는데요, 이는 시중 금리 상승과 무관하지 않습니다. 결국 COFIX도 시중 금리의 변동에서 크게 벗어나지 않는다고 보면 됩니다.

중도상환수수료

일반적으로 주택담보대출을 받을 때 15년에서 20년, DTI 이슈가 있을 경우는 더 길게 만기를 잡습니다. 그 후 저금리 대출로 갈아타거나, 거치기간 연장이 되지 않아 원리금 상환 부담이 생길 경우 거치 가능한 다른 대출로 갈아타기도 합니다. 또는 돈을 많이 벌어서 빚을 없애려고 중도상환하기도 합니다. 이렇게 중도상환을 하는 경우, 일정 기간이 지나지 않은 상환 건에 대해 금융기관에서는 중도상환수수료를 부과합니다. 대출 상품의 종류에 따라 다르지만 주택담보대출의 경우 보통 3년을 중도상환수수료 부과 기간으로 하는 경우가 많습니다.

대출 받을 때 중도상환수수료에 대한 내용은 중요한 부분이기 때문에 금융사 직원이나 대출상담사가 모두 설명을 해줍니다. 크게 관심을 두지 않으면, "여기 1.4라고 적으면 됩니다"라며 직원이 불러주는대로 그냥 적기 마련입니다. 그런데 이게 금리랑은 조금 달라서 그렇게 쉽게 볼 것만은 아닙니다. 금리는 연이율로 나가지만 수수료는 총 금액에 그대로 일정 수수료율(%)을 붙이기 때문입니다. 예를 들어, 3개월 사용하고 중도상환수수료 1%면 연이율로는 4%입니다. 이자 다 내고서 그렇게 또 내는 건 아깝습니다. 중도상환수수료를 조금만 더 알아두면 분명 도움이 됩니다.

은행 주택담보대출 중도상환해약금 설명을 살펴봅시다. 대부분의 시중은행이나 보험사는 비슷한 중도상환수수료율과 산출 로직을 가지고 있어 큰 차이를 보이지 않습니다.

중도상환해약금 산식

중도상환해약금	=	중도상환금액	×	중도상환해약금률	×	(대출잔여일수 ÷ 대출기간)

*단, 대출잔여일수 및 대출기간은 3년을 초과하더라도 3년으로 정함.

공식으로 보면 이게 무슨 이야기인가 할 수도 있습니다. 풀어서 설명하면 대출을 실행하고 3년까지는 중도상환해약금을 내야 하는데 3년에 가까울수록, 즉 오랜 기간 동안 사용하고 대출을 상환하는 경우 수수료를 덜 받겠다는 의미입니다. 예전에는 1년을 쓰든 2년을 쓰든 정률로 비싼 중도상환수수료를 내는 경우가 많았는데, 금융당국에서 금융기관이 과도한 수수료 이익을 얻고 있다고 판단해 기간에 따라 줄어드는 슬라이딩 방식으로 바꿨습니다.

예를 들어 보겠습니다. 대출금 1억 원을 20년 만기로 받아 1년 사용하고 중도상환을 하는 경우, 이 대출의 중도상환수수료가 1.4%부터 슬라이딩으로 줄었다면 중도상환수수료율이 약 1%가 됩니다. 이를 부담하고 나니 실제로는 금리를 그만큼 더 주고 대출을 사용한 것과 마찬가지입니다. 갈아탈 대출의 금리가 0.3%만큼 낮다면 그 대출을 3년 이상 가져가야 중도상환수수료 더 낸 것과 비슷해진다는 의미가 되죠. 금리가 낮아진다고 무작정 옮길 일은 아니라는 것입니다.

따라서 실제 대환대출을 통해 줄어드는 비용과 중도상환수수료를 비교해 보고 어떤 것이 유리한지 판단해야 합니다. 대출상품별로 총 대출금액의 10%는 중도상환수수료를 받지 않는 등 특별한 조건이 붙는 경우도 있으니 자금활용계획에 따라 활용하면 도움이 되실 겁

중도상환수수료율 전환 예시

*대환대출 시 0.3% 낮은 금리로 갈아탔다면, 3년 이상 유지해야 부담한 중도상환수수료 0.93% 이상의 효과가 있음.

니다.

　끝으로 30일 미만 초단기 중도상환의 경우에는 연이율 환산 시 수백%, 수십%가 넘어가는 경우도 있는데, 이는 최고금리를 초과하기 때문에 말이 안 됩니다. 그래서 중도상환수수료를 산출할 때 대출 실행 후 30일 미만으로 중도상환하는 경우에는 최소 30일 이상 쓴 걸로 간주해 중도상환수수료 계산을 하게 되어 있습니다. 그러니 이자랑 합쳐 최고금리를 넘는다고 신고하지는 마세요.

대출도 반품이 될까?

홈쇼핑을 보면 지금 즉시 구매하고 마음에 들지 않으면 반품이 가능하다는 것을 강조합니다. 꼭 홈쇼핑이 아니어도 상품이나 서비스는 구매 즉시 그 가치가 하락하는 것이 아니라면 대부분 반품이 가능하지요. 그렇다면 대출이 마음에 들지 않는다면 어떨까요? 이것도 반품이 될까요?

대출 청약철회권

대출상품은 여러 금융회사에서 취급하기 때문에 금리나 대출조건 등이 차이가 납니다. 많은 금융기관에서 취급하다 보니 모든 상품을 일일이 검색해보고 대출을 실행하기가 쉽지 않은 것도 사실입니다. 이런 상황에서 내가 선택한 대출상품이 다른 상품에 비해 너무나도 안 좋은 조건이라면? 아니면 대출 실행을 한 다음 주에 큰 돈이 생겨 돈을 빌릴 필요가 없어졌다면? 이외에도 여러 사유로 인해 대출을 '없었던 일'로 하고 싶어질 수 있습니다.

수천만 원에서 수억 원까지 오가는 대출이니 처음부터 주의 깊게 접근해야 하겠지만, 정보 접근성의 차이나 의사결정 과정에서 조건 변경 등으로 철회해야 하는 상황이 발생할 수 있죠. 이런 경우에 대출도 반품할 수 있도록 금융당국에서 청약철회권을 도입했습니다.

청약철회권은 금융 소비자가 대출신청 이후에도 대출의 필요성, 대출금리 및 규모의 적정성 등에 대해 재고할 수 있는 기회를 부여하는 제도입니다. 대출실행 후 14일 이내 철회의 의사표시를 하고 대출 원리금 및 부대비용 등을 상환함으로써 대출계약 철회가 이루어지는 것입니다.

이 제도가 논의될 때 금융업계에서는 이슈가 많았습니다. 초단기로 악용하는 고객이 있을 것이라는 우려와 상품별로 취급비용이 발생하는데 회사가 너무 불리하다는 것이었습니다. 하지만 막상 그걸 누려야 할 고객들은 이런 제도가 있는 줄도 모르는 채 지나가기 마련입니다. 지금 당장 쓸 곳이 없더라도 알아두면 요긴할 때가 있을 겁니다.

대출 청약철회권 세부 내용은?

① 대상
- 개인대출만 가능. 법인이나 개인사업자 대출은 대상 아님.
- 신용대출은 4,000만 원 이하, 담보대출은 2억 원 이하만 대상.

② 상품
- 거의 모든 대출성 상품에 적용. 단, 리스의 경우 금융회사가 담보물을 취득해 대여하기 때문에 취소하면 손실이 큼. 그래서 리스는 철회 불가.

③ 비용 반환 조건
- 해당 대출상품을 취소하게 되면 실제 사용일에 대한 이자와 부대비용 등은 반환. 제도 악용을 방지하고 금융회사의 손실을 최소화하기 위해서.

④ 사용 횟수 제한
- 모든 금융사 대상으로는 한 달에 한 번. 같은 금융기관인 경우 1년에 두 번 가능.

⑤ 처음부터 없던 것처럼
- 청약 철회 시 금융회사, 신용정보집중기관 등의 대출정보는 모두 삭제.

청약철회의 방법과 부대비용

청약철회는 영업점이나 인터넷, 고객콜센터 등을 통해서 신청할 수 있으며 직접 영업점에 방문해서 원리금과 부대비용을 상환해야 완료됩니다. 신청은 다양한 채널을 통해 진행할 수 있지만 원리금 및 부대비용의 상환과 서류 작성 등을 위해 영업점을 반드시 방문해야만 철회가 완료됩니다.

청약철회권 업무진행 절차

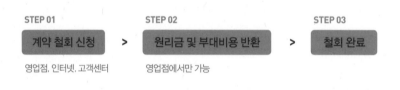

다음은 담보대출을 상환하는 경우의 비용 예시입니다. 1억 원 담보대출을 하면 약 100만 원 전후의 비용을 소비자가 부담하게 됩니다. 적은 금액은 아니라고 할 수 있지만 이렇게 부담하더라도 필요할 때는 요긴하게 쓸 수 있습니다. 중도상환수수료를 기준으로 비교를 해보겠습니다. 은행의 경우 중도상환수수료율이 1.4%입니다. 제2금융권으로 가면 더 높습니다. 반면 청약철회에 따른 비용을 수수료율로 전환해보면 1% 내외가 됩니다. 꼭 철회해야 하는 경우라면 다소 비용이 들더라도 하는 것이 이득인 셈입니다.

반환대상 부대비용 및 반환주체(담보대출 기준)

부대비용 (예시: 1억 담보대출)	계약당시 부담주체		철회권행사 시 반환주체
	금융회사	소비자	
① 인지세(7)	1/2	1/2	소비자
② 국민주택채권매입할인(2.4)		○	-
③ 등록면허세(24)	○		소비자
④ 지방교육세(4.8)	○		소비자
⑤ 등기신청수수료(1.5)	○		소비자
⑥ 감정평가수수료(47.5)	○		소비자
⑦ 법무사수수료(17.1)	○		소비자
한도약정수수료 등		○	금융회사

*인지세 중 금융회사 부담분은 소비자가 부담.

금융수수료 절약 비법

　금융기관에서는 각종 금융거래를 처리해주는 데 대해 각종 수수료를 부과하고 있습니다. 수수료는 몇백 원, 몇천 원 정도니까 별 거 아니라고 생각할 수 있지만 가랑비에 옷 젖듯이 모이면 큰 돈입니다. 이자는 조금만 높아도 불만족스러우면서 수수료는 대수롭지 않게 생각하고 있지 않나요? 이자율로 따지면 어마어마한 크기인데도 말입니다. 조금만 관심을 둔다면 생각보다 간단하게 아낄 수 있는 금융수수료, 올바로 알고 제대로 아껴봅시다.

수수료는 금융회사의 캐시카우

다양한 명목으로 부과되는 수수료. 이는 금융사에 얼마만큼의 수익을 가져다 줄까요? 관련 기사 하나 보겠습니다.

송금, 가맹점 결제 등 금융 거래가 일어날 때마다 은행·보험·카드사들이 거둬들이는 수수료 수익이 지난 4년간 60조 원에 달한 것으로 나타났다. (중략) 은행·보험·카드사들이 2013년부터 올 1분기까지 올린 수수료 수익은 59조 9,459억 원이다. 16개 국책·시중·지방은행들이 이 기간에 전체 수수료 가운데 45%에 달하는 27조 1,753억 원을 벌어들였다.

은행들은 송금, 추심, 방카슈랑스(보험을 은행 창구에서 팔고 보험료 일부를 수수료로 확보), 수익증권 판매, 대여 금고와 대출 조기 상환, 현금자동입출금기(ATM), 외환거래 등 20여 개 항목에 대해 수수료를 부과해 매년 6조 3,000억~6조 4,000억 원대의 수수료 수익을 꾸준히 올렸다. 올 1분기에도 1조 7,000억 원을 수수료로 벌어들였으며, 올해 전체 수수료 수익이 6조 8,000억 원에 달할 전망이다. 카드사들은 소비자가 결제할 때 내는 금액의 최대 2.5%를 부과하는 방식으로 매년 평균 8조 원대의 가맹점 수수료 수익을 가져갔다. 카드사들이 올린 수수료 수익은 2013년 7조 3,927억 원에서 지난해 8조 8,910억 원으로 꾸준히 증가하고 있다. 보험사 수수료는 주택담보대출이나 신용대출을 소비자들이 중도상환할 때 나온다. 생명보험사 업계 1위인 삼성생명이 150억 원의 수수료를 올리는 등 지난해 보험사들이 거둔 중도 상환 수수료는 600억 원에 육박한다. (후략)

- 〈매일경제〉, 2017년 7월

금융회사들이 거둔 수수료

(억 원)

연도	은행	카드사	보험사	합계
2013년	64,384	73,927	492	138,803
2014년	63,081	76,488	476	140,045
2015년	63,684	85,935	643	150,262
2016년	63,617	88,910	599	153,126
2017년	16,987	집계중	236	17,223

* 카드사는 가맹점 수수료, 2017년은 1분기.　　　　　　　　　　　　　출처: 금융감독원

수수료 수익 4년간 60조 원, 그중 은행이 27조 원. 연간으로 치면 은행만 7조 원 전후. KB금융지주의 2018년 상반기 순이익이 대략 1조 9,000억 원이니까 수수료 수익의 규모가 어느 정도인지를 짐작할 수 있을 겁니다. 이 수익은 고객이 출금, 이체, 환전 등의 금융거래를 할 때 받는 푼돈 아닌 푼돈을 모아서 벌어들인 것입니다. 조직 운영과 서비스에 관한 비용이 들었을 테니 금융기관도 할 말은 있겠습니다.

수수료는 충분히 아낄 수 있습니다. 얼마 안 되는 작은 돈이라고 생각하기에는 너무나도 아까운 돈입니다. 연 수익률 1%가 아쉬운 판입니다. 금융수수료를 연 이율로 따지면 무시할 수준이 아닙니다. 10만 원을 출금하는데 1,000원의 수수료를 냈다면? 1,000원을 한 달의 이자비용이라고 친다 해도 연 이율로 12%입니다. 아낄 수 있다면 무조건 아껴야 할 비용입니다.

수수료 알아보기

은행의 각종 수수료는 은행연합회 홈페이지에 들어가면 확인할 수 있습니다. 메뉴 중 은행업무정보 내 은행수수료비교에 들어가면 수수료 항목을 확인할 수 있습니다. 이체, ATM출금, 대출, 중도상환, 환전 등 다양한 분야의 수수료를 비교할 수 있습니다. 은행연합회 홈페이지에서는 수수료 외에도 다양한 은행 지표들에 대한 비교 공시가 잘 되어 있습니다.

예를 들어 타행이체수수료를 비교해보면 각 은행마다 방법별(창구와 온라인 등), 금액별 수수료가 모두 다릅니다. 고액일수록 금액이 커집니다. 직접 금액을 넣어 비교해보면 특정 은행의 수수료가 얼마나

은행연합회 홈페이지

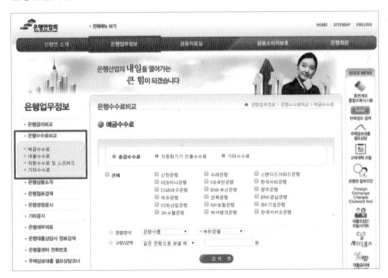

많고 적은지 알 수 있으며, 간혹 아예 없는 경우도 있습니다. 이외에도 ATM 수수료, 대출관련 비용, 외환의 송금, 환전 등 여러 방식이 있는 만큼 수수료 조회도 다양한 분야에서 가능합니다.

주로 이용하는 은행의 수수료조차 정확히 알지 못하는 경우가 많고, 특히 다른 은행과의 비교는 해보기 어려운 것이 사실입니다. 은행연합회 사이트를 이용하면 전 은행의 비교가 가능하니 직접 한번 확인해보세요.

입출금 및 이체수수료 절약하기

하나의 은행을 이용하는 경우에는 급여나 각종 이체도 해당 은행을 이용하기 때문에 당행 ATM기, 인터넷뱅킹, 모바일뱅킹 등 간단한 금융거래는 수수료가 면제되고 있을 겁니다. 하지만 부득이한 사유로 여러 은행을 이용하게 되면 그에 따른 각종 수수료까지 덤으로 얻게 되기도 합니다. 그런 아까운 돈이 새지 않도록 막는 방법을 알아보겠습니다.

급여이체

급여이체 통장은 각종 수수료를 면제받는 기본 중의 기본입니다. 새로 입사한 회사가 특정 은행으로만 급여를 보내준다면, 그리고 그 은행이 지금까지 이용했던 은행과 다르다면 강제 이동을 해야 하는

(1) 주거래손님 우대서비스 요건 (급여이체)

■ 필수요건

- 전월에 이 예금으로 급여이체 실적이 있는 경우

[급여이체 인정요건]

인정기준	입출금이 자유로운 예금(원화계정)에 입금 시 아래사항 중 하나를 충족해야 함 ·급여를 의미하는 적요가 포함된 경우(적요: 급여, 월급, 봉급, 연봉, 급료, 상여, 성과, 보너스, 월 보수, SALARY, PAY, BONUS) ·급여일±1영업일에 급여 이체 시(급여일 사전등록)
금액	최소 건당 50만 원
제외요건	전 채널의 거래를 인정하되, 다음의 경우 제외함 ·창구직원에 의한 단말거래(단, 창구거래 중 급여 다건입금은 인정) ·자동화기기를 통한 거래(단, 타인에 대한 '이체' 거래는 인정) 가맹점 대금, 대출연동, 타발송금 등 금융거래에 수반되는 거래는 제외 본인거래로 추정되는 거래 제외(예시:예금주명 적요)

■ 추가 요건

① 전월에 이 예금에서 하나카드(신용/체크) 월 30만 원 이상 결제 시

② 전월에 이 예금에서 아파트관리비 자동이체 시

■ 우대서비스 적용 횟수

- 필수요건 충족 시: 수수료 우대서비스 대상거래Ⅰ 무제한 면제+수수료 우대서비스 대상거래Ⅱ 총합 월 5회 면제

- 필수요건 충족 + 추가요건 1건 이상 충족 시: 수수료 우대서비스 대상거래Ⅰ 무제한 면제+수수료 우대서비스 대상거래Ⅱ 총합 월 10회 면제

■ 초기 우대서비스

- 신규일로부터 익월 말까지는 요건 충족 여부와 관계 없이 수수료 우대서비스 대상거래Ⅰ 총합 월10회 면제

경우도 있을 수 있습니다.

급여이체는 수수료 아끼기에 가장 쉬운 방법 중 하나입니다. 그런데 이 '급여'가 실제 급여를 말하는 건 아닙니다. 무슨 이야기냐 하면 꼭 내가 다니는 회사에서 보내는 월급만을 말하는 것이 아니라는 이야기입니다. 은행에서 말하는 급여이체는 '매달 일정한 금액 이상이 해당 통장으로 들어온다'는 의미입니다. 따라서 꼭 회사의 급여가 아니더라도 정기 이체가 된다면 이를 근거로 수수료 면제가 가능합니다. 모든 은행에서 이 방법이 다 통하는 건 아니고, 휴일 이체나 사업자등록이 되지 않은 곳에서 보내는 것은 걸러내는 경우도 있습니다. 참고로 우리가 보낸 사람을 '홍길동'으로 변경해서 보내도 은행에서는 원래 누가 보냈는지 알 수 있습니다.

각종 비용 자동이체하기

공과금이나 통신비 등을 자동이체하는 것도 수수료 감면 방법 중 하나입니다. 각종 세금과 공과금, 관리비 등이 한 통장에서 빠져나가게 되어 있는 경우가 많겠지만 그중에 한 가지만 빼서 수수료 면제가 필요한 은행 통장으로 옮겨보세요. 출금 및 이체수수료를 생각보다 쉽게 면제받을 수 있습니다.

카드 사용

은행 신용카드를 사용하면 수수료를 아낄 수 있습니다. 은행에서 원하는 것을 해주면 수수료 면제가 돌아오는 상부상조 구조라고 할까요. 카드는 연회비라든지 카드별 혜택에 따라 알맞게 선택하면 되겠습니다.

VIP 되기

은행의 다양한 금융상품을 이용하는 우수 고객이 되는 방법도 있습니다. 은행마다 고객별로 점수나 등급 등으로 구분을 하고 있는데요, 예금이나 카드 등은 기본이고 대출도 우량고객으로 선정되는 데 큰 역할을 합니다. 자금 빌려 쓰고 이자 꼬박꼬박 내는 고객은 은행 입장에서 매우 선호하는 고객이죠. 한 은행에서 대출을 많이 쓰거나 고액의 예금 등을 가지고 있다면 본인의 등급이 뭔지, 어떻게 하면 VIP가 되는지 알아보세요. 거의 모든 수수료를 면제 받는 것은 물론 또 다른 서비스도 받을 수 있습니다.

한국은행 경제통계시스템(ECOS)

국책은행인 한국은행에서 운영하는 우리나라 경제 통계 자료에 관한 최고의 사이트가 있습니다. 바로 '한국은행 경제통계시스템ECOS'입니다(ecos.bok.or.kr).

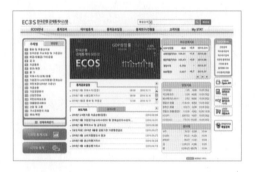

ECOS에서는 대한민국의 경제활동에 관련된 거의 모든 통계지표를 찾아볼 수 있습니다. 월별, 분기별, 연간 등 주기별로 업데이트되는 여러 원천의 자료들이 총망라되어 있습니다. 그 뿐만 아니라 자신이 원하는 항목들만 골라서 표나 그래프를 만들 수도 있고, 기간을 정해서 시계열로 추이를 알아볼 수도 있습니다. 통계자료의 양과 질 모두 만족스럽습니다.

• 통계 검색

통화 및 유동성지표, 예금 및 대출 등 각종 금융, 금리, 물가, 국제수지, 기업경기, 산업 및 고용, 해외 및 북한 등 다양한 영역의 데이터를 확인할 수 있습니다. 예를 들어, 대출이라고 하면 어떤 금융기관에서 어느 산업 어느 지역에 대출을 해줬는지 알 수 있고 연체율도 확인할 수 있습니다. 금리라면 은행과 기타 금융기관들의 평균 이자율이 어떻게 되는지, 상품별로는 얼마나 차이가 있는지 등을 비교하여 볼 수 있습니다.

조회한 데이터들은 다양한 기준으로 정렬해서 비교할 수 있고, 그래프로 만들어 엑셀로 추출할 수 있습니다. 해당 통계의 의미나 통계의 기준이 되는 설명도 확인할 수 있고 영문으로도 변환이 가능합니다.

• 테마별 통계

100대 통계지표와 시각화 통계를 살펴볼 수 있습니다. 100대 통계지표는 국민소득, 경기, 기업경영, 산업활동, 고용, 임금, 가계, 금리, 증권, 환율, 물가, 국제수지 등 우리나라의 대표적인 통계자료들을 한눈에 보기 쉽게 정리해두었습니다. 카테고리별로도 확인할 수 있고, 그 지표의 업데이트 주기가 매일인지, 매월인지, 매분기인지, 매년인지도 확인할 수 있습니다. 어떤 지표들이 있는지 한번 훑어보는 것만으로도 아주 의미가 있습니다.

시각화 통계는 세계 속의 한국경제, 국민소득, 국제수지, 물가, 기업경영분석지표 등의 데이터를 인포그래픽과 각종 그래프 등을 통해 보여줍니다. 숫자로만 보면 눈에 잘 띄지 않는 것들을 시각화 자료로 쉽게 이해할 수 있습니다.

한국은행 경제통계시스템ECOS은 가장 기본이라 할 수 있는 각종 금리지표부터, 소비, 투자, 고용, 금융, 증권, 환율 등 다양한 영역들의 자료를 폭넓게 가지고 있습니다. 이런 지표들을 하나씩 보는 것만으로도 경제를 보는 눈이 더 크게 뜨일 것입니다. 잘 정리된 경제지표의 도서관, 한국은행 경제통계시스템을 만나보는 건 어떨까요?

2019년 들어 아파트 값이 떨어졌다고는 하는데, 체감이 안 됩니다. 무엇이 문제인 걸까요? 앞으론 어떻게 될까요?

저는 개인적으로 2019년을 하락기보다는 조정기로 보고 있습니다. 뉴스에서는 아파트 값이 많이 떨어진 것처럼 보도되고 있지만 실제로 현장에 가보면 보도와는 많이 다릅니다. 강남의 많은 아파트가 증여 물건으로 나오고 있고 증여를 목적으로 매매하는 물건은 낮은 실거래가를 조성하기 때문에 아파트 값이 떨어진 것처럼 보일 수 있습니다.

또한 2018년 말부터 2019년 초까지 동남권 거대 입주(헬리오시티)가 있었고 2019년 말 역시 상일, 고덕에 많은 입주가 예정되어 있습니다. 서북권에서는 은평구, 마포구, 서대문구에 많은 입주 물량이 있습니다. 이렇게 입주 물량이 많은 곳은 아파트 값이 조정되어 있는 상태입니다. 아파트에 입주해야 하는 사람들은 기존 살고 있는 집을 팔거나 전세를 주고 새 아파트에 들어가게 됩니다. 이런 일들이 동시에 일어나기 때문에 입주가 몰려 있는 시기에는 전세가가 안정되고 세입자 구하기가 힘들며 구축 아파트를 매도하기 어려워지죠.

실제로 살기 좋은 지역에 가보면 호가는 많이 떨어지지 않았습니다. 그런데 대단지이면서 입주가 예정된 아파트 근처에 초특급 급매가 나온 사례가 있습니다. 자금이 급하거나 양도세 절세 때문에 급하게 팔아야 하는 물건들 때문에 실거래가가 떨어진 것처럼 보였을 뿐입니다.

또 하나 관리처분을 통과하고 이주비 대출이 실행되고 있는 지역에서 투자 목적으로 샀던 59형에서 많은 매도물량이 나와 입주권 역시 저렴하게 거래되고 있습니다. 다만 이렇게 물건들이 급매로 나오고 있어도 물건 개수 자체가 많지는 않습니다.

부동산은 수요와 공급, 심리, 외부 요인을 봐야 하는데 2019년 상반기는 공급이 일시적으로 많이 늘었고 사람들의 심리가 위축되어 있습니다. 개인적으로 2019년 서울 지역은 상승 여력이 남아 있다고 봅니다. 2022년쯤에 조정이 다시 올 수 있습니다. 현청약이 그때 입주합니다. 서울시에서 진행하고 있는 대단지 재건축 아파트의 이주가 시작되면 멸실이 생기게 됩니다. 이 단계에 다시 상승할 거라고 보고 있습니다. 지금 무주택자로서 내집마련을 고려하는 분들은 수도권 내 '과대낙폭'과 '입주장' 두 가지를 기억하면 매수기회가 있을 것입니다. 세를 구할 때도 그런 지역으로 가보면 시세보다 낮게 계약할 수 있습니다.

Part 03

보험,
오해만 풀어도
돈이 모인다

보험은 왜 누명을 썼을까?

　'보험'이라는 단어에서 뭐가 가장 먼저 떠오르시나요? 개인과 가정의 위험을 대비하는 든든함이 느껴지시나요? 아니면 부정적이거나 꺼려지는 단어인가요? 보험이 개인재무관리 측면에서 매우 중요한 것이고, 금융시장에서 차지하는 비중을 봐도 대단히 큰 규모로 자리하고 있음에도 불구하고 우리는 보험에 대해 크게 관심을 두지 않거나 괜한 거리낌이 있는 것 같습니다.

　보험이라는 것은 아는 사람이 보험설계사가 되었을 때 내용도 잘 모르고 가입해주는 것이 아닙니다. 개인과 가정의 상황에 맞게 필요한 것들을 적정 수준에서 준비하는 것입니다. 그런데 우리는 먼 친척이나 친구가 오랜만에 연락을 하면 보험설계사가 된 게 아닐까 우려를 합니다. 보험상품에 대한 누명 아닌 누명, 이런 방식의 접근이 많이 안타깝습니다. 그래서 '진짜 보험'에 대한 이야기를 드리고자 합니다. 누가 하나 가입해달라는 보험이 아닌 위험을 대비하는 본질적인 보험 이야기를요.

보험은 왜 누명을 썼을까?

여러분은 언제 처음 보험계약자가 되었는지 기억하나요? 어머니가 가입해준 것 말고 스스로 자필 서명했던 경험 말입니다. 보험설계사 친척이나 친구가 찾아와서, 혹은 아주 드문 경우지만 스스로 보험의 필요성을 인지하고 가입했을 수도 있습니다.

아마 사회생활을 어느 정도 했거나 가정을 이룬 지 몇 해쯤 지났다면 생명보험이나 실손보험 등 보험상품을 한두 개 이상 가입하기 마련입니다. 지금 다시 생각해보세요. 그 보험 왜 가입했나요? 지금 가입되어 있는 보험이 어떤 경우에 어떤 보장이 되는지 기억하나요? 혹 가입할 때 이런 이야기를 듣고 가입한 건 아닐까요? "5만 원짜리 하나만 들어줘."

우리나라 보험시장은 설계사 위주로 영업활동이 이뤄집니다. 예전에는 한 보험사에 소속된 전속설계사밖에 없었지만 지금은 여러 보험사의 상품을 취급하는 보험대리점GA 형태의 영업도 무척이나 큰 시장을 차지하고 있습니다. 대형 GA의 경우 중소형 보험사보다 월 신규보험료가 많은 경우도 있습니다.

설계사를 통한 영업활동 자체가 문제는 아닙니다. 보험을 잘 모르는 일반 사람들에게 설계사분들이 찾아가지 않으면 스스로 알아서 보험을 드는 경우가 거의 없기 때문입니다. 그런 경우에는 재무적인 위험에 노출된 상태로 있을 테니 보험설계사가 찾아가야만 합니다.

보험업계 공룡된 GA…보험사 판매 순위까지 좌지우지

26일 금융감독원과 보험업계에 따르면 보험회사 전속 설계사 숫자는 꾸준히 감소하는 반면 GA 소속 설계사 숫자는 꾸준히 증가하는 것으로 나타났다. 올해 10월 기준 GA 소속 설계사는 22만 2,861명에 달하는 반면 보험사 전속 설계사는 18만 2,256명으로 조사됐다. (중략)

GA 규모가 커지면서 보험모집액(생보사 초회보험료, 손보사 원수보험료)도 꾸준히 늘어나고 있다. 지난해 GA 보험모집액은 38조 4,000억 원으로 전체 시장의 49.4%에 달했다. 올해도 3분기까지 보험모집액 규모가 29조 8,174억 원에 달했다. 올해는 저축성 보험 판매 부진 등으로 전체 시장에서 비중이 43.9%로 떨어졌지만 연말 실적 정리를 앞둔 4분기에는 늘어날 것으로 예상된다. 시장점유율 확대 또는 수성을 위해 보험사들이 4분기에는 GA 의존도를 높이기 때문이다. 이처럼 GA의 보험모집액 규모가 커지면서 설계사 규모로 톱10에 드는 초대형 GA들은 대부분 매출(수수료 수입)이 1,000억 원을 넘어서고 있다.

– 〈매일경제〉, 2018년 12월

우리나라 보험의 태동기부터 지인영업으로 시작한 것이 지금도 크게 달라지지 않은 모습입니다. 물론 지인영업이라도 진정한 보험의 필요성과 가치를 중심으로 접근한다면 좋을 텐데, 오래 전부터 '얼마짜리 하나만 해줘' 식의 영업이 만연했던 게 보험시장에 부정적인 시선을 갖게끔 만든 요인이 아닌가 싶습니다. 정말 보험이 필요한 분들까지도 그런 시선을 가지게 된 게 아닌가 싶기도 합니다. 아쉬운 부분입니다.

보험은 생각보다 비싸다. 하지만 꼭 필요하다!

살면서 구입하는 것들 중 보험은 몇 번째로 비싼 상품일까요? 사실상 집 빼고 가장 비싼 상품입니다. 아마 생각해본 적이 없을 겁니다.

보통은 월에 5만 원, 10만 원씩 꾸준히 내는 방식을 사용합니다. 맞습니다. 한 달에 내는 돈 얼마. 하지만 이 돈이 만만한 돈은 아닙니다.

월납보험료 총액은 얼마일까

(조건) 월납보험료 24만 9,000원 / 20년납 / 남자 40세 가입 / 보험가입금액 1억 원

$$20 \times 12 \times 24만\ 9{,}000 = 5{,}976만\ 원$$

6,000만 원짜리 상품! 6,000만 원짜리 상품을 240개월 할부로 산다고 생각해봅시다. 쉽게 계약서에 서명을 할 수 있는 상품은 아닙니다. 그래서 보험을 잘 알고 가입해야 합니다. 단순히 5만 원짜리 사는 것이 아닙니다.

누군가는 가입한 보험이 아예 없을 수 있습니다. 물론 충분한 자산이 있다면 보험이 전혀 없어도 괜찮습니다. 필요한 경우 그냥 있는 돈으로 비상사태를 해결하면 됩니다. 그런데 본인 스스로 돈을 벌고 있는 경우, 꾸준한 현금흐름이 필요한 경우, 꼬박꼬박 무언가를 위해 돈을 축적 또는 사용하는 경우, 하다못해 대출이자를 빠듯하게 내는 경우라도 보험은 반드시 필요합니다.

보험은 이득을 보려고 가입하는 게 아닙니다. 혹시라도 모를 예상치 못한 상황을 대비하기 위해 꼭 필요한 것입니다. 질병이나 상해보험만을 이야기하는 것도 아닙니다. 자동차보험이 필수인 건 혹시 모를 일에 대비하기 위해서입니다. 화재보험은 어떤가요? 집에 불이 나는 경우는 거의 없지만, 혹시라도 화재가 발생한 그 집이 우리집이라면? 엄청난 재산상의 손해가 발생합니다. 각종 배상책임보험도 마찬가지입니다.

적은 비용으로 안정적인 금융생활을 할 수 있게 도와주는 게 보험입니다. 그저 아는 누군가가 얼마짜리 들어달라고 해서 드는 것이 절대 아닙니다. 올바로 알고 제대로 준비해야 하는 것이 보험입니다.

보험, 얼마면 될까?

필요한 경우, 필요한 만큼

보험은 상대적으로 적은 비용으로 나와 가족, 그리고 주변에서 발생할 수 있는 위험을 대비하는 가장 좋은 방법입니다. 저도 보험의 필요성과 중요성에 대해서 매우 공감합니다. 문제는 도대체 무엇을 얼마만큼 준비하면 좋은가 하는 점입니다. 각 가정에 보험이 얼마나 필요한지를 알아보기 전에 먼저 보험이 필요하지 않은 경우를 체크해보겠습니다.

* 소득이 없어도 충분히 먹고 살면서 가장 어린 자녀가 20세가 될 때까지 학교 다니는 데 걱정 없는 가정.
* 부동산 및 기타 투자자산이 많아서 1년 이내에 현금화해 위 첫 번째 조건을 충족할 수 있는 경우.
* 현금성자산이 현재 월 소득의 최소 36개월치 이상 있는 경우.
* 지금 이 순간부터 백수로 살아도 먹고 놀고 살아가는 데 지장이 없는 경우.
* (가족이 없다면) 큰 병 걸리면 치료 안 받고 운명을 받아들일 정도로 세상에 초탈한 경우.

한 마디로 요약하면 '돈이 많은' 경우입니다. 이런 경우 반드시 보험으로 위험을 대비할 필요는 없습니다. 혹시 모를 위험에 대비하는 게 보험인데, 경제적인 위험이 없으면 보험도 필요치 않게 됩니다. 돈이 많은 사람들은 보험을 상속이나 기타 절세의 방법으로 활용하기 위해 가입하는 경우가 더 많습니다. 재산이 100억 원 있는데, 사망보험금 1억 원 받고 못 받는 것이 문제가 되겠습니까?

이러한 경우를 제외하면, 열심히 경제활동을 하고 가족과 평범한 일상을 영위하는 사람들에게 보험은 중요한 안전장치가 됩니다. 그런데 어느 정도 수준까지 보험에 가입해야 하는가에 대한 고민이 생깁니다. 과연 얼마면 될까요?

예전에 P생명보험사 광고가 세상에 회자되던 때가 있었습니다. "10억을 받았습니다"란 멘트로 시작하는 광고인데요, 이 광고와 같이 10억 원을 가족에게 남기려면 매월 얼마를 내야 하는지 뽑아봤습니다.

오직 사망보험금으로만 328만 3,000원! 저만큼 벌기도 힘든데 매달 보험료로만 내야 합니다. 그것도 제가 죽어야 나오는 돈입니다. 2018년 2분기 가구소득이 453만 원 정도 되는데, 저 보험료 내고 나면 120여만 원으로 생활을 하겠네요. 가족을 위해 사망보험금을 잔뜩 넣어 미래는 대비했다고 하더라도 정작 현실을 잘 살아갈 수는 없게 될 것입니다.

아마 대다수의 가정에서는 이렇게 많은 금액을 보험에 넣을 수 없을 겁니다. 그렇게 할 필요도 없고요. 보험은 많은 돈을 부어서 많은 돈을 받자고 하는 게 아니라 정말 필요한 보장을 필요한 금액만큼, 그것도 가장 적절한 보험료로 준비하는 겁니다.

얼마나 필요한가?

사망보험금을 중심으로 얼마만큼의 보장을 준비해야 적절한지 알아보겠습니다. 가정의 경제를 책임지는 가장이 사망할 경우 발생할 수 있는 위기를 대비하는 게 사망보험입니다. 지금 사망보험을 가지고 있다면, 보장보험금이 얼마나 되는지 알고 있나요? 보통 사망보험금은 1억 정도 가입하지 않아? 하고 생각할 수도 있겠지만 오해입니다. 보험개발원과 보험사 자료들을 보니 실제 지급되는 사망보험금은 평균 3,000만 원 수준(2012년 보험개발원)밖에 안 됩니다. 가계의 1년 소득조차 안 되는 금액을 보장받고 있는 셈입니다. 해가 지날수록 사망보험에 가입하는 금액이 조금씩 늘고 있지만 이 금액이면 괜찮을지 의문입니다. 또 가입한 보험을 10년, 20년 꾸준히 유지할 수 있을지도 의문입니다. 위험에 대비해 가입하고 정작 가계가 어렵거나 소득이 줄어들어 힘들 때 가장 먼저 생각하는 게 보험 해약이라고 합니

국가별 평균 사망보험금

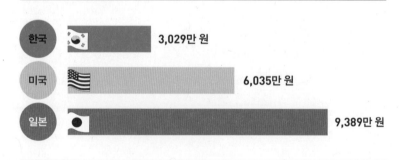

한국	3,029만 원
미국	6,035만 원
일본	9,389만 원

출처: 보험개발원

다. 위험에 대비한 금융상품을 가장 위험할 때 먼저 없애버리는 일. 보험의 본질을 아주 제대로 역행하는 일이 아닐 수 없습니다.

이 안에 딜레마가 있습니다. 보장은 10억 원 받고 싶은 데 300만 원을 월 보험료로 낼 돈이 없습니다. 처음 가입할 때는 가족의 위험을 생각했는데, 가입했더니 당장 매월 지출이 부담스러워졌습니다. 이와 반대의 경우로, 보험설계사와 상담할 때는 우리 가정에 10억 원이 필요할 것 같았는데, 보험료를 듣고서는 너무 부담스러워서 "5,000만 원어치만 해주세요"라고 하게 됩니다.

이런 딜레마를 풀고 나에게 알맞은 보험을 준비하는 방법은 없을까요?

나에게 필요한 보험금
vs. 내가 낼 수 있는 보험료

얼마의 보험금이 언제 필요한가

얼마의 보험금이 필요한지 예를 들어 살펴보겠습니다. 오늘 당장 수입이 끊긴다면 과연 우리 가족에게 얼마가 필요할까요? 집을 줄이지 않는다는 가정 하에 식비 등의 기초생활비가 필요하겠고 아이들 교육비도 필요할 겁니다. 옷 사고 외식하고 영화 보고 하는 것들은 각자 삶의 가치와 우선순위에 따라 차이가 있는 항목일 겁니다.

비용을 정했다면 막내인 자녀가 대학에 갈 때까지 남은 햇수에 매월 들어가는 비용을 대입해서 구해봅니다. 아이가 5살이면 앞으로 15

보험금 필요금액 예시

(%)

월 생활비	성년까지	개월	총 필요금액
200만 원	15년	12개월	3억 6,000만 원
300만 원	15년	12개월	5억 4,000만 원
500만 원	15년	12개월	9억 원

년간의 비용이 필요하겠네요. 예컨대 매월 200만 원씩 필요하다 가정하면 200만 원×12개월×15년=3억 6,000만 원입니다. 300만 원으로 잡으면 5억 4,000만 원, 500만 원으로 잡으면 9억 원이 됩니다.

각자 계산해서 나온 금액이 대략적인 사망보험금이라고 보면 됩니다. 외벌이냐 맞벌이냐 자녀가 몇이냐 등의 조건에 따라 달라집니다. 또한 이후의 추가 수입은 없다고 가정한 것이니 저 금액보다는 적게 필요할 겁니다.

그럼 이만큼의 보장을 받기 위해서는 얼마만큼의 보험료가 드는지 알아보겠습니다. 보험사 및 보장 내용에 따라서 다소 차이가 있겠지만, 1억 원의 사망보험에 가입하면 30만 원대 초반, 3억 원은 약 100만 원, 10억 원은 약 330만 원이 됩니다(남자, 37세, 20년납 기준).

어떤가요? 여유롭게 가입할 수 있을 만한 보험료인가요? 아마 쉽게 가입할 수 있는 보험료라고 답하기 어려울 것입니다. 이를 해결하기 위해 다시 원점으로 돌아가 보겠습니다. 보험금은 왜 필요한지, 그중에서 가장이 가입하는 보험의 사망보험금은 언제까지 얼마가 필요한지 생각해봅시다. 여기서부터가 보험 가입의 시작입니다.

국가별 기대수명

상위 국가	2010	2030
대한민국	84.23	90.82
스페인	84.83	88.07
포르투갈	83.14	87.52
슬로베니아	82.68	87.42
스위스	84.59	87.70
하위 국가	2010	2030
헝가리	78.42	81.74
불가리아	77.33	78.87
마케도니아	76.47	77.83
멕시코	78.91	82.96
세르비아	75.71	78.27

상위 국가	2010	2030
스위스	80.01	83.95
네덜란드	78.91	83.69
대한민국	77.11	84.07
오스트레일리아	80.10	84.00
덴마크	77.22	82.53
하위 국가	2010	2030
멕시코	73.15	76.15
마케도니아	72.29	74.65
루마니아	70.12	74.21
불가리아	70.21	74.07
세르비아	70.25	73.37

출처: WHO

WHO에서 2018년 초에 발표한 기대수명입니다. 2010년 기준으로 남자 77세, 여자 84세고 2030년이 되면 남자 84세 여자 91세가 됩니다. 보험이야기로 돌아가서 가장이 70세, 80세가 되었을 때를 생각해봅시다. 이때 수억 원의 사망보험금이 필요할까요? 그 시기에 자녀가 몇 살인가요? 자녀가 50대가 되어도 아버지의 사망보험금이 없으면 갑자기 생활이 힘들어질까요? 이를 생각해보면 사망보험금을 어떻게 구성해 놓아야 할지가 보입니다.

필요한 보장을 만드는 방법

필요한 시기에 필요한 만큼의 보장을 받으라는 의미는 알았습니다. 그렇다면 실제 이것을 어떻게 보험에 구현할까요? 사망보험을 종신보험과 연결해 버리는 생각의 고리를 끊어봅시다. 사망보험은 정말 그 보험금이 필요한 시기, 즉 자녀가 어릴 때 집중적으로 받을 수 있도록 준비하면 됩니다.

이를 가능하게 하는 것이 계단식 구성입니다. 자녀가 어릴 때는 사망보험금을 많이 받을 수 있게 구성하고 가장이 나이가 들수록 보장금액이 낮아지도록 하는 것입니다. 이런 구성은 '정기보험'으로 만들면 됩니다. 종신보험은 말 그대로 언젠가 죽으면 주는 보험입니다. 50세에 사망해도 받고 120세에 사망해도 받습니다. 언젠가는 반드시 줘야 하기 때문에 보험사 입장에서도 보험료를 높게 책정할 수밖에

보험가격공시

STEP 1   기본정보

보험나이 37세 · 남자

STEP 2   상품선택

무배당 정기보험
60세보장 · 20년납 · 보험금액 100,000 만원 · 납입주기: 1개월납

STEP 3   특약안내

선택된 특약이 없습니다.

STEP 4   보험료 확인하기

총 월 보험료 단위 (원)   **380,000**

	보험종류	보험기간	납입기간	가입금액(만원)	보험료(원)
주계약	무배당 정기보험	60세보장	20년납	100,000	380,000
합계					380,000

출처: 푸르덴셜생명

요. 반면 정기보험은 정해진 시기에만 보장을 받습니다. 60세까지 보장을 받도록 해놓으면 61세부터는 한 푼도 받지 못합니다. 대신 보험료가 상대적으로 저렴해집니다. 생각보다 아주 많이 낮아집니다.

앞서, 60세 만기로 정기보험의 사망보험료를 뽑아보았습니다. 보장금액은 똑같이 10억 원인데 종신보험으로 가입 시 380여만 원이던 보험료가 1/10로 줄었네요. 이렇게 정기보험을 활용하면 보장이 필요한 시기에 집중해서 필요한 만큼 보장 받을 수 있습니다. 종신보험과 섞어서 가입할 수도 있습니다. 종신보험금으로는 장례비나 상속재원 등을 대비하면 됩니다.

잊어야 한다는 마음으로

이 시점에서 고민이 하나 생겼을지 모르겠습니다.

'가지고 있던 보험은 어떻게 하지?'

계속 유지하자니 부담이 되기도 하고, 이게 정말 필요한지 아닌지 헷갈리기도 합니다. 막상 해약하려니 환급금액도 얼마 안 되고, 혹시 보장받던 것에 해당하는 사고가 나중에 터지지는 않을까 걱정도 됩니다. 가입할 때 고민을 많이 하고 결정했다고 하더라도 어느 순간 돌아보면 또 다시 고민에 휩싸이고 맙니다. 이를 어찌해야 할까요?

가입할 때도 고민, 해약할 때도 고민

'보험시장은 이미 포화되었다.'

보험업계에서 항상 하는 이야기입니다. 보험가입가구 97.5%에 인당 보험 개수가 3.6개라는 금융감독원 조사결과(2014년)도 있을 정도로 이미 웬만한 사람은 보험에 다 가입했다는 것입니다. 이 정도로 보험가입을 해두었으니 든든할 만도 한데 오히려 '누더기 보험들'로 머리가 아프기도 합니다. 중복되거나 불필요한 것은 없는지, 보험료 지출은 큰데 별로 쓸모가 없는 것은 아닌지. 걱정을 덜자고 가입한 보험이 오히려 걱정거리가 되는 순간입니다.

반면 아직까지 보험에 전혀 가입하지 않은 경우도 분명 있습니다. 다양한 재무적 위험에 노출되었다는 의미이기도 합니다. 어떤 보험에 어떻게 가입해야 할지 고민해야 하는 사람들입니다. 천천히 잘 살펴 처음 가입 때부터 신중하게 보험을 골라야 하겠습니다.

다시 보험을 많이 가지고 있는 경우로 돌아가보겠습니다. 기존 보험을 어떻게 해야 하는 가는 참 어려운 문제입니다. 가입 당시는 필요할 것 같아 가입했는데, 어느 순간 매월 나가는 보험료가 아깝죠. 그런데 해지를 하자니 또 그것도 아깝습니다. 해지하겠다고 보험사에 전화하면 환급금이 거의 없거나 본인 생각보다 적은 경우가 대부분이기 때문입니다. 손해 보는 것 같은 이 기분.

사람은 이득을 보는 것보다는 손실을 회피하려는 경향이 큽니다. 환급금이 적은 것은 마치 지금 보험을 해지하면 손해라는 듯한 인상을 줍니다. 하지만 앞서 지출된 보험료는 이미 되돌릴 수 없는 비용입니다. '매몰비용'이죠. 3년 동안 공부한 시간과 비용이 아까워서 합격권과는 멀고 먼 공무원 시험공부를 계속 한다거나, 이미 사둔 티켓이 아까워 억지로 보는 재미없는 영화나 뮤지컬 같은 게 여기 해당됩니다.

이를 보험에 대입해보면, 지금까지 납입한 보험료는 매몰비용입니다. 그런데도 이것이 손해로 여겨지기 때문에 기가입된 보험에 손을 못 댑니다. 이런 심리를 보험사도 잘 알고 있습니다. 그래서 해지환급'액'이 아니라 해지환급'률'에 방점을 땡땡 찍어 가입자의 관심을 돌립니다. 이렇게 되면 실제로 필요하지도 않거나 과도한 비용이 지출되는 보험임에도 불구하고 이런 생각을 하게 됩니다. '5년 후 환급률이 얼마만큼 올라가니 그때 해지해야지.' 안타깝지만 이런 생각은 가구의 재정상태에 도움 되지 않습니다. 여기에는 환급률의 함정이

중도해지환급금 예시

경과기간	납입보험료(원)	해지환급금(만 원)	환급률(%)
1년	3,069,360	-	0.0%
3년	9,208,080	521	56.6%
5년	15,346,800	1,113	72.5%
10년	30,693,600	2,541	82.8%
15년	46,040,400	4,015	87.2%
20년	61,387,200	5,642	91.9%
30년	61,387,200	6,799	110.8%
40년	61,387,200	7,963	129.7%
50년	61,387,200	8,936	145.6%

있습니다.

　다음 표를 보고 부득이하게 중간에 해지해야 한다면 언제 할지 결
정해보세요.

　조금 더 살펴볼까요? 앞의 표를 정리해 그래프로 변환해보겠습
니다.

중도해지환급금 예시, 그래프

(만 원)

경과기간	나이	납입보험료	해지환급금	환급률	환급손실
1년	41세	307	-	0.0%	-307
3년	43세	921	521	56.6%	-400
5년	45세	1,535	1,113	72.5%	-422
10년	50세	3,069	2,541	82.8%	-528
15년	55세	4,604	4,015	87.2%	-589
20년	60세	6,139	5,642	91.9%	-497

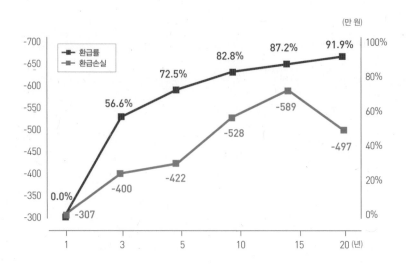

여기에 기회비용이라는 양념을 하나 치겠습니다. 이 보험료를 연 1%(겨우 1%입니다)의 이자를 받는 은행 예금에 넣어둔 경우를 보겠습니다. 즉, 보험료로 낼 돈을 은행에 뒀을 경우의 이자수익을 기회비용으로 보는 것입니다. 원래의 매몰비용에 이 기회비용을 합쳤습니다.

중도환급금의 매몰비용

(만 원)

경과기간	나이	납입보험료+이자	해지환급금	환급률	환급손실	기회비용
1년	41세	307	-	0.0%	-307	-307
3년	43세	930	521	56.0%	-400	-409
5년	45세	1,566	1,113	71.1%	-422	-453
10년	50세	3,211	2,541	79.1%	-528	-670
15년	55세	4,941	4,015	81.3%	-589	-926
20년	60세	6,758	5,642	83.5%	-497	-1,116

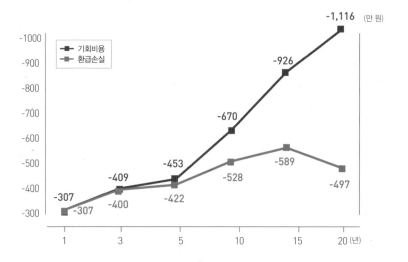

이렇게 보면 해지환급률만을 위해서 보험을 길게 끌고 가는 것 자체로도 손해고, 그 돈을 다르게 썼을 때 얻을 수 있는 이득에 비하면 더 많은 손해지요. 물론 보험은 그 동안 위험을 보장해 준 보장보험료를 제하고 봐야 합니다. 그렇다 하더라도 불필요한 보험을 끌고 가는 게 이득일 수 없는 것은 너무나 분명합니다. 보험 가입하면서 해지환급금 예시표는 받았을 겁니다. 받은 기억이 나지 않더라도 어딘가에 있을 겁니다. 집안 어느 곳인가에 있을 예전 보험증권을 오랜만에 꺼내어 확인해보세요.

정리를 한다면 이렇게

해약을 언급한다고 해서 보험을 '피해야 하는 것', '정리해야 하는 것'으로 오해하면 안 됩니다. 보험은 위험을 대비한다는 측면에서 반드시 필요한 금융상품입니다. 가용자금이 부족할 때 보험을 무턱대고 해약하는 것은 정말 위험한 일입니다. 재무상태가 위험해질 수 있을 때 위험을 보호해주는 상품을 정리한다는 건 말이 되지 않습니다.

그럼에도 불구하고 가지고 있는 보험이 불필요한 보장과 과도한 보험료 등으로 가계에 위험이 되고 있다면 계획적인 정리가 필요한 것도 맞습니다. 정리를 하더라도 본인의 상황에 따라 어떤 방향으로 해야 할지 잘 살펴야 합니다.

보험이 없다면

처음 가입할 때부터 신중하게 가입하세요. 보험회사도 많고 그 회사들이 내놓은 상품은 더더욱 많습니다. 물론 어떤 보험이 제일 좋은 보험이고, 어느 설계사가 가장 훌륭한 설계사다라고 특정할 수는 없습니다. 하지만 적어도 누가 '가입해달라' 해서 계획에도 없고 생각지도 않았던 보험상품에 덜컥 가입하는 일은 없어야 하겠습니다. 월 5만 원 납입하는 보험이 사실은 5만 원짜리가 아닙니다.

어떤 보험에 가입했는지 모르겠다면

보험 상담을 다시 받아보세요. 가입을 위한 상담이 아닙니다. 기존에 관리를 해주던 설계사가 있다면 점검을 요청하고, 딱히 관리하는 설계사가 없다면 새로운 회사의 다른 설계사를 통해 점검을 받아보세요. 보험상품 리모델링도 그들의 활동 중 하나이기 때문에 충분히 상담 받을 수 있습니다. 다시 한 번 말씀 드리지만 이런 점검과 상담과정이 꼭 기존 상품 해지와 신규 상품 가입을 전제로 하는 것은 아닙니다.

보험금 납입이 소득 대비 과다하다면

아무리 좋은 보험도 수입에 비해 너무 많은 보험료로 가계에 고통을 준다면 무용지물입니다. 중복이나 불필요한 담보 여부를 확인하고 적극적인 리모델링을 할 필요가 있습니다. 무조건 해지하는 것이 능사는 아닙니다. 불필요한 담보의 삭제나 담보금액 감액 등 활용할 수 있는 방법을 다양하게 찾아보는 것이 중요합니다.

보험의 해지와 관련해서는 주의해야 할 게 있습니다. 불필요하게 가입되어 있거나 과도한 경우에만 해지나 감액 등의 조정이 필요하다는 것입니다. 기존에 있는 걸 다 해지해서 다른 데 쓰거나 투자한다는 생각은 절대 하지 마세요. 보험은 위험에 대비하는 것입니다. 마구잡이로 해지함으로써 스스로를 위험에 빠뜨리는 일은 피해야 합니다.

끝으로 한 말씀 더 드립니다. 이 책에서는 종신보험을 예로 들어 이야기하고 있지만 특정 보험의 경우 고객에게 너무 유리해 보험회사에서 부득부득 갈아 태우려는 것도 있을 것입니다. 이런 경우 이후에는 가입하려 해도 못 하게 됩니다. 절대로 무작정 해지하면 안 됩니다. 한 번의 잘못된 해지로 돌아갈 수 없는 강을 건널 수도 있습니다. 가입도 신중하게, 해약도 신중하게!

불이 나면 내 재산은 어쩌나?

불이 없는 문명은 생각할 수 없습니다. 하지만 불은 때론 위협이 되기도 합니다. 화재는 인명과 재산을 한 순간에 앗아가 버리는 무서운 재앙입니다. 화재가 발생하지 않게 항상 조심하는 것이 우선이겠지만, 혹시 모를 화재에는 어떻게 대비해야 할지 알아보겠습니다.

화재보험 필요할까?

어릴 때 불장난을 종종 했습니다. 불이라는 것이 그렇게 신기할 수가 없었으니까요. 그러고는 어김없이 어른들에게 혼쭐이 납니다. 아이들은 잘 알지 못하는 불의 무서움을 어른들은 알고 있기 때문입니다. 하지만 그와는 별개로 예전에는 화재보험에 대해 잘 알지도 못했고 많이 가입하지도 않았습니다. 위험한 건 알고 있지만 우리 집에는 화재가 안 날 것이라는 막연한 믿음 때문이었을까요.

과연 우리 주변에서 불이 얼마나 날까요? 우리나라의 화재 통계 자료를 봅시다. 눈 앞에서 화재가 발생하지 않았다고 해서 화재사고

연간 화재 통계

(2017년 10월~2018년 9월)

구분	계	건수(건)				발생비율(%)				인명피해(명)			재산피해(천 원)
		실화	자연적 요인	방화	미상	실화	자연적 요인	방화	미상	계	사망	부상	계
합계	42,911	37,631	234	893	4,153	87.7	0.55	2.08	9.68	2,656	409	2,247	519,726,589
서울특별시	6,339	5,656	12	153	518	89.23	0.19	2.41	8.17	365	48	317	14,653,055
부산광역시	2,570	2,254	5	62	249	87.7	0.19	2.41	9.69	133	13	120	5,488,486
대구광역시	1,524	1,320	2	38	164	86.61	0.13	2.49	10.76	80	14	66	11,798,344
인천광역시	1,645	1,463	9	48	125	88.94	0.55	2.92	7.6	115	19	96	32,909,585
광주광역시	881	787	5	17	72	89.33	0.57	1.93	8.17	35	10	25	3,196,854
대전광역시	1,135	1,022	2	54	57	90.04	0.18	4.76	5.02	92	16	76	5,080,297
울산광역시	929	782	6	18	123	84.18	0.65	1.94	13.24	28	3	25	7,292,076
세종특별 자치시	240	209	4	5	22	87.08	1.67	2.08	9.17	56	3	53	11,069,402
경기도	9,413	8,421	60	199	733	89.46	0.64	2.11	7.79	628	67	561	248,286,074
강원도	2,311	2,090	12	31	178	90.44	0.52	1.34	7.7	167	20	147	26,103,297
충청북도	1,462	1,256	19	23	164	85.91	1.3	1.57	11.22	158	44	114	22,629,852
충청남도	2,641	2,295	13	52	281	86.9	0.49	1.97	10.64	77	25	52	25,361,654
전라북도	2,114	1,809	17	33	255	85.57	0.8	1.56	12.06	129	22	107	15,672,533
전라남도	2,643	2,362	18	36	227	89.37	0.68	1.36	8.59	92	18	74	28,491,248
경상북도	2,774	2,263	23	37	451	81.58	0.83	1.33	16.26	160	18	142	30,769,986
경상남도	3,621	3,089	20	68	444	85.31	0.55	1.88	12.26	318	61	257	27,251,825
제주특별 자치도	669	553	7	19	90	82.66	1.05	2.84	13.45	23	8	15	3,672,021

출처: 소방방재청

가 없는 것은 아닙니다. 로또는 수백만 분의 일의 확률이라도 당첨될 것처럼 구매하면서, 집이나 상가 등 본인의 재산에는 절대 불이 나지 않을 것처럼 생각하는 것이 아이러니합니다.

보험에 가입하는 이유는 위험을 대비하기 위해서입니다. 위험 중에서도 큰 위험을 대비하기 위한 것입니다. 사고가 나면 10만 원 정도 피해가 있을 것 같은 일을 매달 1만 원씩 납입하면서 준비할 사람은 없습니다. 화재는 어떤가요? 수천만 원에서 수억 원, 더 큰 건물이라면 수십억 원 이상의 피해가 발생할 수도 있는 일입니다. 그걸 대비하기 위해서 매달 수백, 수천만 원의 현금을 묶어두는 것도 위험을 대비하는 올바른 태도는 아닐 테고요. 그래서 보험으로 준비하는 것입니다. 적은 돈으로 큰 위험을 대비하기 위해서죠.

나만을 위해 가입하는 것도 아닙니다. 나의 집이나 사업장에서 불이 나 내가 받은 피해와는 별도로 본인이 책임져야 하는 외적인 부분도 있습니다. '실화책임에 관한 법률'에 따라 화재로 인한 피해에 대해 배상책임까지 져야 합니다. 위층으로 올라간 그을음, 옆집으로 번진 화재, 소방작업으로 인한 아래층의 피해까지 말이죠. 임차인이라면 해당 임차건물의 원상복구까지 해야 합니다. 실제로 불이 나면 그런 것들을 다 보상해줄 수 있을까요?

화재보험이 필수인 곳이 있다고?

화재보험은 국가기관에 가입하는 것이 아닙니다. 모두 사기업인

화재보험사를 통해 가입하게 되어 있습니다. 하지만 특별한 경우는 의무적으로 화재보험에 가입하도록 제도를 만들어 두었습니다. 화재 사고가 나면 인명과 재산의 피해가 클 것으로 예상되는 곳들입니다. 이에 해당하는 것 중에 특수건물이라는 것이 있습니다. 특수건물은 16층 이상의 아파트, 11층 이상의 일반건물과 이밖에 학교, 병원, 공연장, 영화관 등 사람들이 많이 몰리는 대형시설들을 이야기합니다. 화재가 발생하면 피해가 클 수밖에 없는 곳입니다.

특수건물

- **기준**
  - 아파트: 16층 이상
  - 일반건물: 11층 이상
  - 국유건물: 1,000제곱미터 이상
  - 학교, 병원, 공연장, 방송국 영화관 등: 3,000제곱미터 이상
  - 노래방, 유흥주점, 목욕탕, PC방 등: 2,000제곱미터 이상

- **특수건물 소유자의 배상책임**
  특수건물 소유자는 그 특수건물의 화재로 인하여 다른 사람이 사망하거나 부상을 입었을 때 또는 다른 사람의 재물에 손해가 발생한 때 본인의 과실이 없다 하더라도 다음의 범위에서 그 손해를 배상할 책임이 있다(화재로 인한 재해보상과 보험가입에 관한 법률 제4조 제1항, 제8조 제1항 및 동 법 시행령, 제5조).

  1. 화재보험: 특수건물의 시가(時價)에 해당하는 금액
  2. 손해배상책임을 담보하는 보험에 해당하는 부분 중 다음 각 목의 구분에 따른 금액
     가. 사망의 경우: 피해자 1명마다 5,000만 원 이상으로서 대통령령으로 정하는 금액
     나. 부상의 경우: 피해자 1명마다 사망자에 대한 보험금액의 범위에서 대통령령으로 정하는 금액
     다. 재물에 대한 손해가 발생한 경우: 화재 1건마다 1억 원 이상으로 국민의 안전 및 특수건물의 화재위험성 등을 고려하여 대통령령으로 정하는 금액

대형시설이 늘어나고 이런 곳에서 발생하는 화재도 많아지니 국가에서도 이에 대한 화재보험 의무가입대상을 크게 확대했습니다. '재난 및 안전관리기본법'과 본 법의 시행령에 따른 시설물이 바로 그것입니다(숙박시설, 과학관, 물류창고, 박물관, 미술관, 1층 음식점, 장례식장, 경륜장, 경정장, 장외매장, 국제회의시설, 지하상가, 도서관, 주유소, 여객자동차터미널, 전시시설, 15층 이하 아파트, 경마장, 장외발매소 등 19곳).

이런 시설에서의 화재는 엄청난 재산과 인명피해를 불러올 수 있습니다. 따라서 이에 대한 보험의 가입을 강제하는 것입니다. 자신의 재산만 피해를 입는 것이 아니라 이를 이용하는 사람들의 신체적인 피해에 대해서도 보상을 해줘야 하기 때문입니다. 대형 인명사고의 경우 건물의 소유자나 사업자가 피해보상을 충분히 해줄 수 없기 때문에 보험 가입을 강제하여 혹시 모를 위험에 대비하라는 의미입니다.

나의 재산은 안전한가?

요즘 지어지는 아파트는 거의 대부분이 특수건물이라 화재보험은 필수로 가입합니다. 관리비 항목에서 쉽게 찾아보실 수 있을 겁니다. 다만 단체보험이기 때문에 집 각각에 대해 잘 보장 받고 있는지는 확인할 필요가 있습니다. 일반적으로 화재보험의 담보물은 건물, 시설, 집기, 가재도구 등으로 세분화되어 있기 때문입니다. 건물만 가입되어 있다면 우리 집에 있는 다른 재산은 보호받지 못하게 됩니다.

건물주라면 해당 건물에 입점하는 상가도 잘 살필 필요가 있습니다. 업종에 따라서도 보험료가 상당히 많이 차이가 납니다. 일반 사무실로 쓰는 건물과 식당이 입점한 건물, 그리고 세탁소나 유흥주점 등이 입주한 건물의 화재발생 위험이 같을 수 없다는 건 쉽게 이해할 수 있을 겁니다. 보험회사 입장에서는 해당 건물에 입주한 다양한 업종 중 가장 화재발생위험이 높은 업종의 요율을 적용하게 됩니다. 그러니 내 건물에 뭐가 입점하는지에 대해서도 관심을 가질 필요가 있습니다.

또한 주택이든 상가든 임대인과 임차인의 입장이 또 다를 수 있습니다. 임차인이 쓰고 있는 집이나 상가에 불이 나면 임차인이 배상책임과 원상복구의무를 지는 게 맞습니다. 하지만 그것이 전 재산인 사람들에게 불이 났다면 배상할 여력이 있을지 의문입니다. 누군가는 원래대로 돌려줄 책임이, 누군가는 원래대로 돌려받을 권리가 있습니다. 그렇다면 보험은 누가 책임지고 가입을 해야 할까요? '누군가는 가입하겠지' 하고 기다리면 위험이 보장 될까요?

일상생활배상책임보험, 큰일을 해내다

일상생활을 하면서 다른 사람에게 피해를 주는 일이 종종 발생합니다. 지나가다 누군가와 부딪히고 발을 밟는 등의 자그마한 일들은 미안하다는 사과 한마디로 웃으며 마무리될 수도 있습니다. 하지만 다른 사람의 신체나 재산에 큰 손해를 입혔다면 상황이 다릅니다. 크게 다쳐서 수백만 원의 병원비가 필요하거나 값비싼 물건을 깨뜨려서 큰 돈을 물어줘야 할 경우도 생길 수 있습니다.

우리나라 사람들이 착해서 그렇겠지만, 배상책임에 대한 부분을 무척 가볍게 생각하고 넘어가는 경향이 있습니다. 하지만 타인에게 손해를 끼친 데 따른 손해를 배상하는 문제는 그리 가볍지 않습니다.

생각지도 못한 상황에서 보상해줘야 하는 손해가 막대한 경우도 많고요. 이럴 때 큰 힘을 발휘하는 보험이 있습니다. 일상생활을 편하게 해주는 보험, '일상생활배상책임보험'입니다.

일상생활배상책임보험이란?

일상생활배상책임보험은 피보험자(가해자)가 타인(피해자)에게 피해를 입힘으로써 발생한 법률상 배상책임에 따르는 손해를 보상하는 보험입니다. 피보험자의 범위에 따라 일상생활배상책임, 가족일상생활배상책임, 자녀일상생활배상책임 등으로 나뉘며, 손해보험사에서 판매되는 상해보험, 재물보험 등에 특약 형태로 포함되는 것이 일반적입니다. 일상생활배상책임에서 보상하는 손해의 몇 가지 예를 들어보겠습니다.

- 자전거를 타고 가다가 실수로 넘어져 주차되어 있던 차량을 파손한 경우.
- 보행 중 실수로 행인을 쳐서 행인이 들고 있던 휴대폰이 떨어져 파손된 경우.
- 애완견을 산책시키던 중 애완견이 지나가던 행인을 물어 다치게 한 경우.
- 거주 중인 주택에서 누수가 발생해 아랫집에 피해를 준 경우.

일상생활배상책임은 언제 어디서 발생할지 모를 사고에 대비한다는 측면에서 보험의 본질적인 기능을 충실히 하고 있다고 볼 수 있습니다. 가벼운 사고는 큰 문제가 없겠지만 비싼 재물의 손괴나 타인의 신체에 상해를 입혀 고액을 배상해야 하는 때는 제 역할을 톡톡히 하는 것이지요.

일상생활배상책임보험의 특징

중복가입해도 실제 손해액 내에서 보장

일상생활배상책임보험은 가입자가 실제 부담한 손해배상금을 보장하는 상품입니다. 따라서 여러 개를 중복가입하더라도 손해배상금을 초과하여 보장 받을 수 없습니다. 손해액이 100만 원인데 5개 가입했다고 500만 원 받아서 100만 원만 주고 400만 원 벌어들일 수 없다는 것이죠. 만약 이런 식의 중복보상이 가능하다면 온갖 보험사에 잔뜩 가입을 해두고 매일 사고를 치고 다니겠죠.

고의나 천재지변으로 발생한 배상책임은 비보장

일상생활배상책임보험은 고의나 천재지변으로 발생한 배상책임은 보장하지 않습니다. 고의 사고가 보상 된다고 하면 배상책임보험 가입한 사람이 오래된 물건 망가뜨려주고 보상받는 아르바이트라도 할지 모르겠습니다. 보상과 관련된 내용은 반드시 보험약관을 확인해야 합니다. 같거나 비슷한 이름의 보험상품들이지만 모든 보험사가 완벽하게 같은 보험상품을 가지고 있지는 않거든요. 작은 글씨로 빼곡한 약관에 지레 겁을 먹거나 아예 쳐다보지도 않는 분들이 많을 테지만, 그래도 보세요.

주택은 피보험자가 주거용으로 사용하는 경우만 보장

요즘 새로 지은 집에서는 누수가 많이 발생하지는 않겠지만, 아직도 누수로 인해 피해를 받거나 아랫집에 피해를 줄까 걱정하는 집도 많습니다. 일상생활배상책임으로 누수까지 보장받을 수 있다는 사실을 아나요? 하지만 모든 경우가 보상되는 것은 아닙니다. 피보험자가 주거용으로 사용하는 주택만 보상을 해줍니다. 내가 보험을 가입하고 세입자에게 내어준 집에서 누수가 발생하면 보상받지 못한다는 점 기억하세요. 소유가 아니라 주거하고 있는지 여부입니다. 세를 내어준 집에 누수가 발생할 것 같다면 세입자가 배상책임보험을 가입하게 하면 되겠지요.

보험 가입 후 이사하는 경우 반드시 보험회사에 통지

보험 가입 후 청약서의 기재사항이 변경되는 경우 원칙적으로는 보험회사에 서면으로 알리고 보험증권에 확인을 받아야 합니다. 다만 복잡하고 귀찮기도 하니 서면으로 주고 받는 일이 흔하지는 않죠.

서면이 아니라도 어쨌든 이사가면 보험사에 알리고 변경을 해두세요. 콜센터에 전화 한 통 하면 됩니다. 일상생활배상책임보험의 경우 보험증권에 기재된 주택의 소유, 사용, 관리 중에 발생한 배상책임을 보상하기 때문에 이사한 경우 보험회사에 별도 통지를 하지 않으면 나중에 보상을 못 받을 수도 있습니다. 이는 주택화재보험도 마찬가지입니다. 이사가면 꼭 통지하세요.

보험료로 내는 금액은 얼마 안 되지만 예상치 못한 순간에 정말 큰 힘이 되어 주는 보험이 바로 '일상생활배상책임'입니다. 비단 배상책임뿐만이 아닙니다. 보험은 나에게 발생할 예상치 못한 위험을 보험사에 이전하는 것과 같습니다. 측정도 어렵고 대비도 어려운 위험을 비교적 적은 금액으로 대비하는 보험의 본질을 다시금 생각해 보시길 바랍니다.

국가통계포털(KOSIS)

통계는 세상을 객관적으로 보는 눈을 키워줍니다. 나와 내 주변의 사람들만으로 세상을 판단하기에는 너무나도 많은 사람들이 각기 다른 다양한 삶을 살아가고 있죠. 통계자료는 사회가 운영되면서 필요한 각종 수치와 지표들을 알려주고 이를 통해 세상을 바라보는 객관적인 눈을 가질 수 있게 해줍니다.

국가통계포털(Kosis.kr)은 국내 및 해외의 다양한 각종 통계자료를 모아놓은 곳입니다. 각종 통계자료들을 보기 좋게 분류해 두고 시각화된 자료들을 많이 볼 수 있습니다. 경제를 이해하는 데 있어 금융도 중요하지만, 결국 그 금융이라는 것도 사람들이 태어나고 죽고 이동하고 살아가는 모든 활동에 그 근간을 두고 있습니다. 국가통계포털은 우리가 살아가면서 주변에서 일어나는 거의 모든 일에 대한 정보를 모아둔 곳입니다. 인구의 증감과 이동, 고용과 물가, 복지와 교육, 기업과 국제지표까지 없는 게 없습니다. '내가 무엇을 모르는 지 모를 때' 보면 좋은 사이트입니다.

홈페이지에 들어가면 한 가운데 100대 지표가 그래프로 잘 그려져 있습니다. 주기적으로 계속 바뀌고, 화살표를 이용해서 넘겨볼 수도 있습니다. 이것만 보셔도 우리나라 주요 통계지표 100개를 다 보는 겁니다. 그 자체로 흥미로운 항목들이 가득합니다.

상단 메뉴 중 '국내통계'에 들어가보면 각 항목별로 다양한 주제별 통계들을 확인할 수 있습니다. 지면에 다 싣지는 못하지만 실제 사이트에 들어가서 항목별로 살펴보면 꼬리에 꼬리를 잇는 세부항목들이 나오고 그 안에도 연이나 월 또는 연령별 지역별로 아주 세분화 된 지표들을 확인할 수가 있습니다. 홈페이지에서 직접 살펴보는 게 좋겠습니다.

'주제별통계' 바로 아래의 '기관별통계'에서는 여러 지방자치단체, 금융기관, 각종 연구기관 등 통계를 낸다 싶은 곳은 모두 모아 두었습니다. 이 곳도 또 엄청난 자료들이 있습니다.

상단 메뉴 중 '쉽게보는통계' 안의 '대상별접근' 메뉴에는 아이, 어른, 여성, 남성 등 통계의 대상을 구분한 지표들이 있습니다. '이슈별접근' 메뉴에서는 사회 이슈가 되는 카테고리들을 묶어 통계로 보여주고 있습니다.

'통계시각화' 메뉴로 가면 여러 통계지표를 인포그래픽스를 통해 보여주는 곳이 있습니다. 표와 그래프만 가득해서 눈이 잘 안 간다 싶으면 이곳에 가서 보면 됩니다. 단순히 숫자만 나열해둔 것이 아니라 다양한 효과로 통계자료를 쉽게 접할 수 있도록 했습니다. 나는 어디에 속해 있는지, 그리고 통계지표와 실제 나와의 괴리가 어떤지를 볼 수 있는 체험형 자료도 있으니 직접 해보는 것도 흥미로울 겁니다.

'경기순환시계'도 흥미로운 콘텐츠입니다. 여기에서는 각종 경기지표가 매년 어떻게 변했는지 시계열로 보여줍니다. 2000년대 초반으로 해놓고 플레이해보면 각 시기별로 경기가 어떻게 변했는지 시각적으로 바로 볼 수 있습니다. 1998년, 2008년 등 금융위기가 있었던 시기에는 지표들이 아주 극적으로 표현되기도 합니다.

국가통계포털의 통계자료는 방대합니다. 많다는 표현으로는 너무나 모자라지요. 모든 것을 소개하기도 어렵기 때문에 직접 가서 보는 것이 가장 빠릅니다. 어떤 것들이 있고 어떻게 활용해야 할지 생각해보는 것도 도움이 많이 될 것입니다.

투자에 있어서도 다양한 시각을 가져야 한다고 생각합니다. 요즘 인문학에 대한 관심이 많이 늘어난 것도 결국 '사람'에 대한 관심 아닐까 싶습니다. 통계라는 것도 사람들이 살아가는 것을 숫자로 보여주고, 이를 통해 나만의 생각에 매몰되지 않게 해주는 힘이 있다고 봅니다. '나는 4인 가구고 옆 자리 김 과장도 4인이고 박 부장은 5인이라는데 어디에 1인가구가 많다는 거지?' '이 좋은 동네를 떠나서 다들 어디로 가는 거지?' 이런 생각들에 대한 객관적인 답을 주는 공간이 국가통계포털 아닌가 싶습니다.

아이 낳을 생각을 하니 교육환경을 신경 쓰지 않을 수가 없어요. 그렇다고 대치동, 목동에 들어갈 형편은 아니구요. 학군 전문가로서 사회초년생에게 해주실 조언 있을까요?

처음부터 대치동과 목동에 진입할 수는 없습니다. 그렇기 때문에 아이가 없을 때 정말 열심히 돈을 모아야 합니다. 똘똘한 한 채를 구입할 수 있다면, 비과세 전략을 적극 활용하여 재테크하는 게 좋습니다. 2년씩 실거주하면서 비과세 요건을 충족하려면 아이가 어릴 때 이사하는 게 좋습니다.

만약 목돈이 없어 차근차근 자산을 늘려가야 하는 상황이라면, 일단은 투자와 실거주를 분류할 필요가 있습니다. 저렴하게 전세 혹은 월세로 거주하면서 확보된 투자금을 가지고 별도로 투자를 병행해야 합니다. 신혼부터 아이가 8세가 되기 전 약 10년 동안 재산을 불려야 합니다. 시장 흐름을 잘 타 10년 동안 재테크를 하면 초기 자본이 적어도 목동에 진입할 수 있습니다. 정말 열심히 하는 사람들은 10년 만에 대치동 입성도 가능합니다. 우회적인 방법으로 자산을 불려서 좋은 학군에 입성해야 합니다.

이후 대출 규제가 완화되거나 전세가율이 상승하면 학군이 좋은 지역을 매수할 수 있는 타이밍이 옵니다. 이럴 때는 레버리지를 이용해서 매입하는 것도 방법입니다.

　신혼부터 아이가 초등학교 입학 전까지 절약하며 자산을 불려나가는 것이 가장 중요합니다. 아이가 학교에 입학하게 되면 이사를 마음대로 가기 힘든 건 물론이고 생활비를 줄이는 것도 힘들기 때문입니다.

Part 04

투자에 뛰어들기 전
무조건 알아야 할 것들

금융회사 한 번에 훑어보기

집을 그리라고 하면 어디를 먼저 그리나요? 지붕부터 그리는 경우도 많을 겁니다. 그런데 실제로 집을 지어본 사람들은 그림도 바닥부터 그리는 경우가 더 많다고 합니다. 기둥을 세우고 지붕을 씌우기 전에 바닥을 다지고 주춧돌을 놓는 것부터 해야겠지요. 투자도 마찬가지 아닐까요? 기술을 쓰더라도 기본기가 튼튼한 상태에서 쓰는 기술이라면 그 힘이 더 셀 테니까요.

지금부터는 다시 기본으로 돌아가 금융회사의 종류에 대해 살펴보겠습니다. 사전적인 의미의 금융金融은 금전의 융통으로, 특히 이자를 붙여서 자금을 대차하는 일 등을 의미합니다. 대표적으로 은행이 있으며 은행과 유사한 금융상품을 취급하는 비은행금융기관, 보험회사, 투자회사 등이 있습니다.

은행

금융기관이라고 하면 대표적으로 떠오르는 곳이 바로 은행입니다. 쉽게 떠오른다 해서, 주변에 많이 보인다 해서 무시할 게 아닙니다. 어느 누구라도 경제·금융 활동의 첫걸음은 당연히 은행이고, 이 은행을 제대로 알아야 다른 분야로의 파생이 가능합니다. 은행은 은행법에 따라 예금·적금 등 수신업무, 대출이나 어음할인 등 여신업무, 외환업무, 유가증권이나 채무증서 발행 등의 업무를 합니다. 은행법에는 이렇게 큰 분류로 나뉘어 있으나 부수업무의 범위가 엄청 넓습니다. 은행법 시행령에 나오는 부수업무를 그대로 옮겨보겠습니다.

① 채무의 보증 또는 어음의 인수
② 상호부금(相互賦金)
③ 팩토링(기업의 판매대금 채권의 매수·회수 및 이와 관련된 업무)
④ 보호예수(保護預受)
⑤ 수납 및 지급대행
⑥ 지방자치단체의 금고대행
⑦ 전자상거래와 관련한 지급대행

⑧ 은행업과 관련된 전산시스템 및 소프트웨어의 판매 및 대여

⑨ 금융 관련 연수, 도서 및 간행물 출판업무

⑩ 금융 관련 조사 및 연구업무

⑪ 그 밖에 은행업무에 부수하는 업무로서 대통령령으로 정하는 업무

이처럼 은행은 아주 많은 일들을 하고 있습니다. 금융상품이 복잡해지면서 은행에서 취급하는 상품들도 다양해졌습니다. 과거 펀드가 활성화되면서 펀드를 주력으로 판매하더니, 얼마 지나서는 방카슈랑스를 한다며 보험을 팔기도 하고요. 물론 원래 하던 예·적금 업무도 합니다. 은행원들이 알아야 하는 상품이 한둘이 아닙니다.

은행을 조금 더 세분해보면 시중은행이라고 하는 것이 있고, 지방은행도 있고, 특수은행도 있습니다. 농협, 수협, 산업은행, 기업은행, 수출입은행 등이 특수은행인데요, 이런 특수은행들은 농업협동조합법, 산업은행법, 중소기업은행법 등 별도의 법률에 따라 설립되고 운영됩니다.

＊ 관련단체: 은행연합회(www.kfb.or.kr)

비은행예금취급기관

은행과 거의 유사한 업무를 하는 신용협동조합, 우체국, 새마을금고, 산림조합, 저축은행 등을 비은행예금취급기관이라고 합니다. 신

용협동조합, 새마을금고, 단위농협, 산림조합 등 조합원에 대한 여수신이 중심이 되어 조합원 간의 상호부조를 목적으로 운영되는 곳은 별도로 상호금융이라 부르기도 합니다. 이런 곳들은 은행과 거의 유사하며 여신과 수신업무를 모두 취급하고 있죠.

과거 수신업무는 은행과 비은행예금취급기관만 가능했으나 지금은 증권사도 가능하죠. 계좌이체할 때 보면 은행뿐 아니라 증권사도 선택할 수 있는 걸 보실 수 있습니다. 종금사 CMA가 열풍을 일으키던 시절도 있었고, 최근에는 KB증권에서 'able'이라는 타이틀을 달고 나온 CMA와 체크카드가 한창 광고를 많이 하기도 했습니다.

＊ 관련단체: 신용협동조합중앙회(www.cu.co.kr), 새마을금고중앙회(www.kfcc.co.kr), 저축은행중앙회(www.fsb.or.kr) 등

보험회사

사람의 생존과 사망과 관련된 '생명보험'과, 사고로 인해 발생한 손해를 보상하는 '손해보험'을 취급하는 회사입니다. 요즘은 두 영역이 완전히 분리되어 있지 않고 교차판매도 가능합니다. 질병, 상해 등 여러 부분(제3보험)에서 특별히 영역을 구분 짓지 않고 생명보험사와 손해보험사가 모두 상품을 팝니다.

이와 같은 일반적인 보험회사 외에 보험사가 다시 보험을 드는 재보험사가 있고, 약속 이행을 담보로 보험금을 지급하는 보증보험도 있습니다. 코리안리재보험이 대표적인 재보험사이며, 해외 보험사에

재보험을 드는 경우도 많이 있습니다. 보증보험사 중에는 서울보증 보험이 대표적이며 중소기업 등에 보증을 해주는 신용보증기금이나 기술신용보증 등의 회사도 있습니다.

＊ 관련단체: 생명보험협회(www.klia.or.kr), 손해보험협회(www.knia.or.kr)

금융투자회사

자본시장법에 따른 투자매매업, 투자중개업, 집합투자업, 투자일 임업, 투자자문업, 신탁업의 6가지 업무를 영위하는 회사를 금융투 자회사라고 합니다. 대표적으로 증권회사, 자산운용사, 투자자문사 등이 있습니다.

증권회사는 주식, 채권 등 유가증권의 발행을 주선하고 이를 매매 하는 것을 주요 업무로 합니다. 자산운용사는 투자자의 자금을 모아 주식, 채권 및 기타 자산에 투자하여 그 수익을 배분하는 집합투자기 구를 운용하는 회사이고요. 투자자문사는 고객의 자금을 대신 투자 하거나 투자에 대한 자문을 해주는 회사를 말합니다.

＊ 관련단체: 금융투자협회(www.kofia.or.kr)

기타 금융기관

고객의 예금을 받을 수 없는 금융기관들이 있습니다. 이를 여신전문금융회사라고 하고 대표적으로 신용카드사, 할부금융회사, 리스회사 등이 있습니다. 삼성카드, 현대카드, 롯데카드, 현대캐피탈, KB캐피탈 등의 회사들이죠. 이러한 회사들은 수신을 통해 자금을 모을 수 없기 때문에 채권발행 등으로 자금을 모은 뒤 이를 빌려주는 형태로 운영됩니다. 자금을 조달하는 형태가 은행과 다르고 그렇게 모은 자금에 대한 이자가 은행이 예금에 붙여주는 이자보다 한참 높기 때문에 이런 회사들이 운용하는 대출의 금리가 높을 수 밖에 없습니다.

신용카드 회사는 할부에 따른 이자나 사용수수료, 그리고 카드론이나 현금서비스 등의 이자와 수수료를 받아 수익을 냅니다. 리스회사는 건물이나 차량, 각종 기계류 등을 구입해 사용자에게 대여하고 그에 따른 이자를 받아 수익을 발생시키며, 할부금융회사는 고가의 물품을 구매하는 고객에게 대금을 나누어 낼 수 있게 해주는 대신 이에 상응하는 이자를 받습니다.

✽ 관련단체: 여신금융협회(www.crefia.or.kr)

금융회사를 꼭 학문적으로 분석하고 구분해야 하는 것은 아닙니다. 다만 어떤 금융기관들이 있고 각각 어떤 역할들을 하며 내가 필요한 금융상품은 어디에서 취급하는가 하는 정도는 반드시 알아둬야 합니다. 단순히 큰 금융회사가 좋은 게 아닙니다. 내가 필요한 상품을 원하는 조건으로 제공하는 회사가 좋은 것입니다.

저축 vs. 투자

투자를 하려면 우선 종자돈부터 모으라는 이야기는 많이 듣습니다. 쉽게 생각하고 실행할 수 있는 것이 저축이지요. 먼저 '종자돈을 모으는 저축'이 무엇이고 '이를 키워가는 투자'는 무엇인지 살펴보고, 어떤 상황에 어떤 선택을 해야 할지 생각해보겠습니다.

저축

어릴 때부터 돈을 함부로 쓰지 말고 잘 모아야 한다는 말은 귀에

못이 박이도록 들어왔습니다. 여기서 말하는 '돈을 모은다'라는 것이 저축의 기본 개념입니다. 저축貯蓄은 사전적인 의미로 '절약하여 모아둔다'는 뜻입니다. 없는 것을 만들어내는 신통방통한 능력이 아닙니다. 그저 지금 가진 것을 조금 덜 쓰고 아껴 다른 곳에 모아두는 것입니다. 현재의 소비를 미룬다는 의미도 됩니다. 그렇다고 내가 가진 자산을 집에 모아두기에는 인플레이션으로 인한 자산가치 하락을 피할 수가 없습니다. 어쩌면 누가 훔쳐 갈지도 모를 일이지요.

이에 일반적으로는 금융기관에 예금이나 적금 등으로 모아둡니다. 독자 여러분도 대부분 그럴 것입니다. 미래 예정된 소비에 대한 준비일 수도 있고 저축을 통한 이자수익 획득이 목적이 될 수도 있습니다. 짧게 넣어두려면 일반예금이나 CMA 등을 활용하고 장기적인 목적이 있는 경우나 향후 투자를 위한 목돈 마련을 위해서는 적금 등에 잠시 묶어두기도 합니다.

저축은 원금손실의 위험이 없습니다. 일반적으로는 그렇습니다. 하지만 그렇게 든든하게 생각했던 예금기관이 파산하는 경우에는 자신의 돈을 다 찾지 못할 위험도 있죠. 보통 예금보험제도나 중앙회 기금 등으로 금융기관별 5,000만 원까지는 보장이 됩니다. 모아놓아야 할 자산이 많다면 금융기관을 쪼개는 것도 방법이 될 수 있습니다.

장래 수익률도 대부분 현재 시점에서 확정이 됩니다. '정기예금금리 3%, 3년만기 적금금리 4%' 식의 안내를 은행 벽면이나 데스크 안내물에서 종종 보았을 겁니다. 이미 내가 저축을 하기 시작하는 시점에 수익률이 확정된다는 의미입니다. 쥐꼬리 만한 예금이자도 넉

넉하지 않은데, 여기에서 세금도 뗍니다. 이자소득세에 지방소득세까지 15.4%를 뗍니다. 연이율 3%라도 15.4% 원천징수하면 2.5%가 조금 넘습니다. 혹시 예금이자수익이 너무 많아 연간 2,000만 원이 넘으면 종합과세까지 되니 사전에 계획한 수익률보다 더 하락할 수밖에 없게 됩니다.

투자

투자投資, 직역하면 자본을 던지는 일입니다. 어디에 던질까요? 이익이 될 만한 곳에 던집니다. 사전적인 의미로는 '이익을 얻기 위해 어떤 일이나 사업에 자본을 대어 시간과 정성을 쏟는다'고 되어 있습니다. 저축보다는 적극적인 의미의 운용 방법이지요.

투자를 말하면 꼭 따라오는 말이 있지요. 바로 투기投機입니다. '기회를 틈타 큰 이익을 보려 하는 것'이라는 사전적 정의가 있긴 하나, 투기와 투자의 구분에 대해서는 논란이 있을 수 있습니다. '내가 하면 투자, 남이 하면 투기', '알고 하면 투자, 모르고 하면 투기', '돈 보내놓고 걱정 안 되면 투자, 걱정되면 투기' 등 수도 없습니다. 투자하는 사람은 '투자자'고 투기하는 사람은 '투기꾼'이라 하니 호칭부터 색안경을 씌웁니다. 투자와 투기의 경계를 칼같이 나누기에는 애매한 부분이 있습니다.

투자는 기본적으로 원금손실 가능성이 있습니다. 초기 금융기관에서 원금손실에 대한 설명을 얼마나 안 해줬으면 의무적으로 설명

해주고 서명을 받는 서류들이 지금처럼 늘었겠나 싶기도 합니다. 원금손실 가능성이 있는 반면 저축보다는 높은 수익률을 기대합니다. 물론 결과는 제각각일 수 있습니다. 기대수익이 확정되지 않는다는 말입니다. 물론 내가 10%만 오르면 매도하겠다 마음을 먹고 정말 10% 올랐을 때 매도하면 수익이 확정된 거라고 볼 수도 있지만, 어쨌든 그 자체가 불확실성을 바탕으로 한 것입니다. 확실하게 높은 수익을 보장한다면 모두가 저축 대신 투자상품에 가입하겠죠.

저축과 투자의 선택

저축과 투자는 반드시 하나만 선택해야 하는 것은 아닙니다. 자신의 리스크에 대한 성향과 해당 자금의 목적, 장단기 재무목표와 개인적 상황에 따라 적절히 배분하면 됩니다. 투자자라고 해서 저축을 한 푼도 안 하는 경우는 없습니다. 투자자금도 은행 예금통장에 넣어둘 것이고 경매를 하려면 보증금도 미리 통장에 넣고 수표로 끊어 쓰기도 합니다. 하다 못해 생활비, 카드대금, 기타 공과금도 모두 은행 통장을 통해 드나듭니다.

특별한 목적을 가진 자금은 대부분 저축을 이용합니다. 목돈을 마련하기 위해서도 저축을 이용하죠. 소액으로 투자할 수 있는 영역도 많이 있지만, 소위 종잣돈이라고 하는 초기투자금 마련을 위해서는 정기예금이나 적금 등 저축상품을 활용하게 됩니다.

저축에서 투자로 넘어가는 단계에서도 리스크를 많이 가져가기

싫다면 적립식 펀드 등을 활용하고, 조금 더 적극적으로 뛰어들고자 하면 주식 직접투자 등을 할 수 있겠죠. 채권이냐 주식이냐를 선택하기도 하고 선물이나 옵션과 같은 파생상품에 관심을 갖기도 합니다. 가상화폐처럼 극적인 등락을 보이는 곳에서 자금을 운용할 수도 있죠.

다만 투자상품은 원금손실의 위험성이 있기 때문에 반드시 필요한 목적자금을 이용해 투자하는 것은 지양해야 합니다. 생활비가 위태로울 정도로 투자를 한다거나 반드시 일정 기간 내에 필요한 자금, 예를 들어 분양 잔금이나 대학 등록금 같은 것으로 투자를 한다면 정작 필요한 순간에 자금 부족으로 곤욕을 치를 수도 있습니다. 무리하게 빚을 내어 위험에 빠질 수도 있죠.

저축과 투자의 선택은 수익률과 리스크 사이에서의 갈등입니다. 많은 경험과 지식과 감이 있는 분들은 적은 리스크에도 고수익이 가능한 투자자가 될 수 있을 것입니다. 반면 아무것도 모른 채 투자자의 길로 가겠다며 무작정 들어섰다가는 저축만도 못한 수익률 성적표를 받아볼 수도 있습니다. '현명한 투자자'가 되어서 원하는 것만큼 또는 그 이상의 좋은 수익을 거두시기 바랍니다.

남들 다 하는 주식투자,
나도 한번

　'주식'이라는 말을 모르는 사람은 없으리라 생각합니다. 직접 주식투자를 해봤을 수도 있고 주변 사람들을 통해 들었을 수도 있고요. 그런데 이미 익숙할 대로 익숙한 그 주식이라는 게 본질적으로 무엇이며 어떠한 의미를 가지고 있는지 모르는 사람이 태반입니다. 그저 보유한 주식이 산 가격보다 오르느냐 내리느냐에만 신경이 쓰일 뿐입니다. 물론 의미를 알고 말고의 차이가 수익률과 직접적으로 연결되진 않겠지요. 다만 내가 투자하는 대상의 정체 정도는 알아야 꾸준히 공략할 수 있을 겁니다.

주식이 뭔지부터 알자

주식은 주식회사가 발행한 출자증권입니다. 주식을 보유한 사람을 주주라고 하고 주주는 보유한 주식수(비중)에 따라 그 회사의 이익과 자산에 대한 지분을 갖게 됩니다. 쉽게 말해 총 발행 주식수가 100주인데 내가 1주를 가지고 있으면 1%의 지분을 가지고 있다고 하고, 그에 대한 수익과 자산의 청구권을 가지고 있는 것이죠. 그 회사가 순이익이 100억이 나면 나는 1억을 가질 권리가 있는 것이고 자산도 마찬가지의 비율로 지분청구권을 갖게 됩니다. 그 회사가 청산해서 보유한 땅을 팔아서 나눠도 1%는 내 것이라고 할 수 있는 것이죠. 주주의 책임과 권한도 딱 보유한 주식의 지분만큼입니다. 이것을 유한책임이라고 합니다.

주주는 수익과 자산에 대한 지분 외에도 많은 권한을 가집니다. 주주는 주주총회를 통해 이사를 선임할 수 있고 주요 안건에 대해 주식지분만큼 의결권도 가집니다. 그 외에도 회사의 회계장부를 열람하거나, 선임된 이사의 해임을 요구하거나, 주주총회 소집을 요구하는 등 다양한 형태의 권리 행사가 가능합니다.

다만, 모든 주식이 동일한 권한을 갖는 것은 아닙니다. 앞서 설명한 것과 같은 권한을 행사하는 주식을 '보통주'라고 부르고, 이와 다소 다른 특징을 부여한 주식을 '우선주'라고 부릅니다. 우선주라고 부르니 뭔가 우선이 되는 것이 있겠지요? 이익이나 잔여재산 분배 등에서 보통주보다 먼저 챙겨갈 수 있는 지위가 있다는 것입니다. 배당도 먼저, 청산하더라도 잔여재산을 먼저 주는 식입니다.

이렇게 다 좋으면 우선주가 무조건 좋은 게 아닌가 할 수도 있는데, 우선주는 의결권이 없습니다. 회사일에 이래라 저래라 못 한다는 뜻입니다. 그저 회사가 잘 운영되는 것을 지켜보고 벌어주는 돈을 배당 받는 주식이라고 보면 크게 틀리지 않겠습니다.

주식은 어떻게 발행되고 어디서 유통되나

주식회사는 주식을 발행해서 자금 조달하는 회사를 말합니다. 엄청난 규모의 자금을 모으거나, 어떤 특정한 조건을 갖춘 사람만 주식회사를 만들 수 있는 것은 아닙니다. 최초 자본금 규모의 제한이 없고, 액면가도 원하는 대로 정할 수 있습니다.

초기의 회사는 보통 지인이나 소수의 인원으로 꾸려지고 주식도 그들만 보유하기 마련입니다. 그런데 회사가 커지고 성장하는 과정에서 보다 많은 자금이 필요하게 되고 이를 해결하기 위해 불특정 다수를 대상으로 자금을 모으게 됩니다. 이를 기업공개IPO, Initial Public Offering라고 합니다. 말 그대로 끼리끼리 하던 회사를 대중에 공개한다는 의미입니다.

기업공개를 하고 나면 거래소를 통해 이 기업의 주식을 자유롭게 매매하게 됩니다. 물론 기업공개를 하기 전에 주식을 아예 사고 팔지 못하는 건 아닙니다. 비상장주식을 거래하는 시장이 따로 있고, 개인들 간에도 주식을 사고 팔 수 있습니다.

기업공개를 통해서만 주식을 발행할 수 있는 건 아닙니다. 유상증자, 무상증자와 같은 방식으로 자본금을 늘리고 주식을 더 발행하기도 하지요. 유상증자는 자본 확충을 위해 새로운 주식을 발행하는 것으로, 그 자금은 외부에서 조달됩니다. 반면 무상증자는 이익잉여금이나 자본잉여금을 자본금으로 전환하면서 그 금액만큼의 주식을 발행해 기존 주주들에게 무상으로 배부하는 것입니다. 따라서 외부에서 자본이 추가 투입되는 것은 없고 장부상 자리만 바꾸는 거라고 보면 됩니다. 무상증자도 증자는 증자라서 주식의 총 수는 늘어납니다.

주식시장은 유가증권시장(코스피), 코스닥, 코넥스 등으로 구분됩니다. 장외시장이니 장내시장이니, 비상장을 유통하는 프리보드시장이니 하는 구분도 더 있긴 합니다만 그냥 편하게 상장요건이나 의무에 따라 주식시장이 구분된다고 생각하면 됩니다. 가장 엄격한 상장요건을 충족해야 하는 곳이 코스피, 그보다 완화되어 중소기업이나 벤처기업 등이 많이 포진된 곳이 코스닥, 코스닥보다 완화된 조건으로 창업 초기 회사 등의 주식이 거래되는 코넥스 정도로 구분해도 크게 무리는 없습니다.

주식거래 스타트

주식을 거래하려면 우선 증권계좌가 있어야 합니다. 직접 증권회사를 방문해도 되고 은행 영업점에 방문해서 계좌 개설하는 것도 가능합니다. 요즘에는 직접 방문하지 않고 모바일에서 비대면으로 계좌를 개설할 수 있을 정도로 편리해졌습니다.

계좌 개설 후 영업점에 방문해 거래할 수도 있고 전화, 인터넷, 모바일 주문도 가능합니다. 최근에는 대부분 인터넷이나 모바일로 거래하는 추세입니다. 이를 HTS\ Home Trading System 또는 MTS\ Mobile Trading System이라고 합니다. 요즘은 증권사에서 공격적으로 '주식거래수수료 무료 이벤트'를 앞세우며 고객유치에 힘을 쏟고 있습니다. 기술발달이 거래를 쉽게 하고 비용은 줄여줬네요.

우리나라 주식시장의 정규시간은 오전 9시부터 오후 3시 30분까지입니다. 가격우선원칙과 시간우선원칙을 적용하여 개별경쟁으로 매매거래가 체결됩니다. 즉 매수주문은 가장 높은 가격을 우선적으로 체결하고, 매도주문은 가장 낮은 가격을 우선적으로 체결하며 동일한 가격의 주문에 대해서는 먼저 접수된 주문을 체결하게 됩니다.

개장 전인 오전 8시부터 9시까지와 폐장 직전인 오후 3시 20분부터 3시 30분까지는 동시호가제도로 운영됩니다. 동시호가란 시간우선원칙을 배제하고 일정한 시간 동안 주문을 받아 이를 모은 뒤에 단일가격으로 가격을 결정하는 방법입니다. 개장 전 동시호가로 결정

증시거래 시간

정규시간		09:00 ~ 15:30
동시호가	장 시작 동시호가	08:00 ~ 09:00
	장 마감 동시호가	15:20 ~ 15:30
시간외 종가	장전 시간외 종가	07:30 ~ 08:30 (전일 종가로 거래)
	장후 시간외 종가	15:40 ~ 16:00 (당일 종가로 거래)
시간외 단일가		16:00 ~ 18:00 (10분 단위로 체결, 당일 종가대비 ±10% 가격으로 거래)

된 매매가격이 당일 시초가가 되고 폐장 전 동시호가로 결정된 매매가격이 당일 종가가 됩니다.

위 시간 외에도 장전 시간외 종가, 장후 시간외 종가, 시간외 단일가 등으로 거래가 가능합니다만, 이런 시간외 거래는 기관투자자 등이 대량매매를 할 때 주로 활용되고 있습니다.

주식 주문하기

자신이 원하는 가격으로 매수 또는 매도하고자 할 때는 '지정가 주문'을 합니다. 현재의 호가와 맞지 않은 경우는 체결이 늦어지거나 거래 자체가 안 될 수도 있습니다. '시장가 주문'은 주문하는 시점에 가장 유리한 가격으로 거래가 됩니다. 여기서 유리한 거래라고 해서 내가 싸게 살 수 있지 않은가 할 수도 있으나 매도호가 3만 원, 매수호가 2만 원에 시장가 주문으로 매수를 넣으면 3만 원에 체결됩니다. 주로 급등종목으로 바로 사야 하거나 '내가 이 종목은 반드시 바로 사야만 한다'라고 생각할 때 사용하면 됩니다.

매매단위는 일반적으로 주식 1주입니다. 매매나 매도가격을 조정할 수 있는 폭을 최소가격변동폭이라고 하는데 이는 주가 수준에 따라 차이가 있습니다. 주식 가격이 1,000원 단위냐 1만 원 단위냐 10만 원 단위냐 등에 따라 모두 다르며, 최소 1,000분의 1 단위로 변경된다고 보면 됩니다. 즉 1만 원 단위에서는 최소 10원, 10만 원 단위에서는 최소 100원 식입니다. 실제로는 더 세분화되어 있습니다.

주식을 거래하고 싶다고 해서 무작정 매수호가를 높여 부르거나 매도호가를 낮춰 부를 수는 없습니다. 주식시장에서는 일일 최대가격변동폭을 제한하고 있기 때문입니다. 상한가, 하한가라는 말이 바로 이 최대가격변동폭을 위로 터치하느냐 아래로 터치하느냐에 따른 구분입니다. 1998년 이후 오랫동안 15%를 유지하다가 2015년 30%로 변경되어 운영되고 있습니다.

주문이 체결된다고 바로 실제 결제가 처리되는 건 아닙니다. 그래서 보통 매도하고 곧바로 증권계좌에서 대금 출금을 할 수는 없습니다. 체결된 주식의 결제시점은 체결일 기준으로 3영업일입니다. 다만 잔고가 없다 해서 당일 매도하고 다른 주식을 살 수 없는 건 아닙니다. 매도하고 3일 뒤에 현금이 들어올 것이 확인되니 그만큼은 또 다른 주식을 바로 매수할 수 있습니다.

세금과 거래비용은?

거래소에 상장된 주식을 매매하면 세금이 발생합니다. 소액개인투자자라면 주가가 올라 이득이 발생했다고 소득세 개념의 세금을 내지는 않지만 거래 자체에 대한 세금이 부과됩니다. 유가증권시장(코스피)에서 거래되는 종목의 경우 매도 시 거래세와 농어촌특별세로 각각 0.15%, 코스닥은 매도 시 거래세로 0.3% 부과됩니다. 즉, 코스피와 코스닥 모두 매도가격의 0.3%가 세금으로 나갑니다.

증권사에도 주식거래수수료를 지급해야 하는데 이는 증권사별로,

온라인 거래수수료 예시

경과기간	체결금액	HTS/WEB (태블릿PC포함)	Mobile (스마트폰)	ARS
주식 (거래소, 코스닥, 코넥스)	50만 원 이하	0.50%	매매금액의 0.19%	0.25%+500원
	50만 원 초과 100만 원 이하	0.15% + 1,500원		
	100만 원 초과 300만 원 이하			
	300만 원 초과 3,000만 원 이하	0.14%+2,000원		0.23%
	3,000만 원 초과 5,000만 원 이하	0.13%		
	5,000만 원 초과 1억 원 이하	0.12%		
	1억 원 초과 2억 원 이하	0.10%		0.20%
	2억 원 초과	0.09%		

거래방법(방문, 전화, 인터넷, 모바일)별로, 거래금액별로 차등되어 있습니다. 증권사 간 경쟁으로 온라인 주식거래수수료는 많이 내려온 상태입니다.

거래뿐 아니라 보유하는 중에도 세금이 발생할 수 있는데, 바로 배당 때문입니다. 주식 배당금은 금융소득이며 이에 대한 소득세가 과세됩니다. 배당소득은 이자소득과 합산하여 연간 총액 2,000만 원 이하면 분리과세로 14%(지방소득세 포함 15.4%)가 원천징수됩니다. 은행 이자에도 동일한 세금이 부과되죠. 다만 연간 총액이 2,000만 원을 초과하면 다른 소득과 합산하여 종합과세가 됩니다.

실전 주식투자

마음의 준비가 됐다면, 이제 본격적인 주식투자를 시작하세요. 하나씩 차근차근 시작해보면 어렵지 않습니다. 앞서 말씀드린 것처럼 주식 계좌를 개설하고 해당 계좌에 투자할 수 있는 만큼의 자금을 이체해주면 준비는 끝납니다. 개별종목을 거래할 수도 있고 ETF를 통해서 여러 주식에 분산 투자한 효과를 얻을 수도 있습니다. 직접 주식을 고르거나 개별종목을 분석할 여력이 부족하다면 주식형펀드에 투자하는 것도 주식투자의 한 방편이 될 수 있습니다.

처음 주식을 시작하는 단계에서는 큰 욕심을 내지 마세요. 하루 만에 30%의 수익을 낼 수도 있는 곳이 주식시장이지만 반대의 경우 30%의 손실을 볼 수도 있습니다. 이름도 들어보지 못한 회사의 주식을 무턱대고 사들였다가 휴지 조각이 돼 버릴 수도 있습니다. 그러니 처음에는 안전한 우량주에 관심을 두세요. 삼성전자나 현대자동차 같은 회사만 우량주는 아닙니다. 업종이 다양하니 각 분야의 시가총액 상위에 있는 회사들을 살펴보시면 됩니다. 또한 매년 꾸준한 수익을 내면서 주주들에게 배당을 주는 배당주도 확인해보세요. 꾸준히 배당할 수 있는 회사는 그만큼 안정적인 수익을 내고 있다는 반증입니다.

거래 빈도도 중요합니다. 하루에도 몇 번씩 여러 종목을 거래하는 초단타 투자도 있습니다. 하지만 처음 주식을 시작하면서, 그것도 학업이나 회사 업무를 병행하는 입장에서 단타 매매는 쉬운 일이 아닙니다. 주가의 단기 변동을 정확히 예측하기도 어려울뿐더러, 다른 일을 하면서 계속 변화하는 시장에 대응할 수도 없습니다. 제때 사기도 제때 팔기도 어렵다는 이야기입니다. 그 '제때'라는 것 자체를 알기도 어렵습니다. 그러니 장기적으로 보유해도 괜찮겠다고 생각이 드는 종목 위주로 살펴보세요.

투자 전에 공부하는 것도 게을리하지 않으셨으면 합니다. 주식과 관련된 서적은 시중에 차고 넘칩니다. 그중에서도 '피터 린치', '벤저민 그레이엄' 등 이름 있는 투자자들의 저서를 골라서 읽어보시고, '워런 버핏'처럼 주식투자로 엄청난 부를 이룬 사람의 이야기를 들어보세요. 물론 눈으로 보는 공부로 끝내시면 안 됩니다. 투자 철학이라고 이름을 붙이면 너무 거창해보이지만, 자신의 성향에 맞는 투자 방법을 생각해보고 기준을 세워보세요. 그리고 그 기준을 바탕으로 주식투자를 실행하면 됩니다. 주식을 사는 것은 그 회사의 주인이 되는 것입니다. 어떤 회사의 주인이 되시겠습니까?

어쩐지 멀게만 느껴지는 채권?

주식보다 조금은 먼 느낌이 드는 금융상품이 채권입니다. 채권은 나와 상관이 없고 접해본 적도 없다고 생각할 수 있습니다. 하지만 우리 경제생활과 생각보다 훨씬 밀접히 닿아 있는 게 사실입니다. 뉴스만 봐도 "국채금리 올라 주식시장에 영향…", "ㅇㅇ기업에서 수백억 원 규모 전환사채 발행…" 등의 소식을 쉽게 접할 수 있고, 저축성 보험이나 펀드에 가입할 때도 '주식형', '채권형' 등의 분류 기준을 볼 수 있습니다.

어쩌면 나도 모르는 사이에 이미 채권을 사고 판 적이 있을지도 모릅니다. '국민주택채권'이 한 예가 되겠네요. 부동산 등기 시에 법무사를 통했다면 듣지도 보지도 못한 사이에 이 채권을 매매한 셈이 됩니다. 나도 모르는 사이에 채권투자자가 된 거지요. 원하든 원하지 않든 우리 경제생활과 밀접히 연관되어 있는 채권. 이번 장에선 이 채권 투자에 대해 알아보려 합니다.

채권이 뭔지부터 알자

채권은 정부, 공공기관, 주식회사 등 일정한 요건을 갖춘 곳에서 돈을 빌리기 위해 발행하는 증권입니다. '돈을 빌리고 주는 증서'라는 의미에서 차용증과 비슷하지만 요건을 갖춘 곳에서만 발행할 수 있다는 것이 다릅니다. 채권을 발행한 곳이 채무자, 그 채권을 매입한 곳이 채권자가 되는 셈입니다.

발행된 채권의 가치를 '액면가'라고 하며 만기 시점에 해당 금액만큼을 채권 보유자에게 상환해야 합니다. 이 액면에 대해 정해진 이자율로 이자를 지급하게 되는데, 이때의 이자율을 '표면금리'라고 합니다. 액면가와 표면금리는 채권이 발행될 때 확정됩니다.

주식이 회사의 이익이나 배당성향에 따라 받게 되는 수익이 달라질 수 있는 반면, 채권은 이미 채무자(발행기관)가 지급해야 하는 이자와 상환금액이 확정되어 있습니다. 회사채라면 발행한 회사가 적자라도 채권 이자를 지급해야 합니다. 회사가 이익을 내지 못했으니 주주들에게는 배당하지 않으면 되지만, 채권은 회사의 이익 여부와 관계없이 이자를 지급해야 합니다. 채권은 자금을 조달한다는 측면에서 주식과 유사하지만 채권자는 주주와는 달리 의결권이나 경영에 참여하지 않고 배당을 받지도 않습니다.

채권은 지급해야 할 이자가 발행 시에 확정되므로 이에 대한 수익을 확정할 수 있습니다. 발행 시 발행기관의 신용등급평가가 이뤄지기 때문에 해당 채권이 얼마나 우량한지 또는 위험한지 알 수 있습니다. 신용등급이 높아 안전하면 이자가 낮을 것이고 신용등급이 낮아 위험하면 이자가 높으니, 위험감수성향에 따라 투자대상을 달리할 수 있습니다. 또한 채권 보유기간 동안 시중금리 변동에 따라 채권의 유통가격이 움직이며 추가적인 이득을 얻을 수 있습니다. 물론 금리변동에 따라 손실을 볼 수도 있습니다. 채권발행주체의 채무불이행 위험도 있기 때문에 완벽하게 안전한 금융상품으로 보기는 어렵습니다.

채권의 종류

발행주체에 따른 구분

채권을 발행하는 곳은 다양합니다. 국가나 지방정부, 금융사나 상법상의 주식회사 그리고 특별한 법률에 의해 설립된 기관이 발행하는 채권 등이 있습니다. 각각 국채, 지방채, 금융채, 회사채, 특수채라고 불립니다.

상환기간에 따른 구분

채권은 만기가 있습니다. 다만 그 기간들이 다를 뿐이죠. 상환기간에 따라 단기채, 중기채, 장기채로 구분하는데, 단기채는 상환기간 1년 이하, 중기채는 1년 초과 5년 이하, 장기채는 5년 초과인 채권을 말합니다.

이자 지급방법에 따른 구분

채권의 이자를 지급하는 방법은 다양합니다. 가장 일반적으로는 정해진 이자 지급일에 정기적으로 이자를 지급하는 '이표채'가 있습니다. 이표利票, Coupon는 말 그대로 이자 지급일에 쿠폰으로 이자를 받는다고 생각하면 됩니다. 이자를 지급하는 대신 상환일까지의 이자 상당액을 미리 액면가에서 차감하여 발행하는 '할인채'도 있습니다. 발행가격이 액면가격보다 낮습니다. 이외에 이자를 바로 지급하지 않고 재투자하는 단리채와 복리채가 있고 시장금리에 연동되어 이자가 변동하는 변동금리부채권도 있습니다.

채권 중에는 단순히 이자를 지급하고 만기에 액면금액을 돌려주는 것 말고도 다양한 부가기능을 탑재한 것들이 있습니다. 어떤 것들이 있고 그 내용은 무엇인지 살펴보겠습니다.

전환사채 CB, Convertible Bond

　발행할 때는 일반 회사채로 발행되지만 일정 기간이 흐른 뒤에 채권 보유자가 요청하면 채권을 발행한 회사의 주식으로 전환할 수 있는 권리가 있습니다. 채권이었다가 주식으로 전환이 가능하기에 전환사채라고 하지요. 전환할 수 있는 권리가 있다는 것이지 그 권리를 반드시 행사해야 하는 것은 아닙니다. 해당 회사의 주가가 상승하여 전환할 메리트가 있으면 전환하고, 그렇지 않다면 안정적으로 이자 수익을 얻는 것으로 채권 본연의 임무를 다하게 됩니다. 선택권이 있는 만큼 같은 조건의 일반 회사채보다 낮은 금리로 발행됩니다.

신주인수권부사채 BW, Bond with Warrant

　발행 후 일정 기간이 지나면 채권 보유자가 행사가격에 발행회사의 새로운 주식을 인수할 권리를 줍니다. 전환사채의 경우 채권이 주식으로 전환되는 것이라면, 신주인수권부사채는 기존 채권을 그대로 유지한 상태에서 신주를 인수할 수 있는 권리가 추가된다는 점이 다릅니다. 전환사채와 마찬가지로 옵션이 붙은 것이니 일반 회사채에 비해 낮은 금리로 발행됩니다.

교환사채 EB , Exchangeable Bond

　교환사채는 전환사채와 유사한 유형의 채권입니다. 발행할 때 일반 회사채로 발행되고 일정 기간이 흐른 뒤 채권 보유자의 요청에 의해 주식으로 전환되는 것까지 동일합니다. 다만 전환사채는 발행회사의 주식으로 바꿔주고, 교환사채는 발행회사가 보유한 '다른 회사'의 주식으로 바꿔준다는 점이 다릅니다.

옵션부사채 BO, Bond with Option

발행 당시 제시된 조건에 따라 만기 전이라도 채권의 매도와 매수를 청구할 수 있는 권리를 가진 채권입니다. 발행회사가 채권자에게 조기 매도를 청구(콜옵션)하거나 채권자가 발행회사에 조기 매수(풋옵션)를 청구할 수 있습니다. 발행 시와 달리 금리의 변동이나 회사의 재무상태 변동 등에 따라 선택권을 주는 것입니다.

이익참가부사채 PB, Participating Bond

채권은 주식과 달리 정해진 이자를 받고 회사의 이익에 따른 배당에서는 제외되는 게 일반적입니다. 하지만 이익참가부사채는 회사의 이익까지 손을 뻗칠 수 있는 채권입니다. 발행회사에서는 최소한의 확정이자를 주고 돈을 잘 벌면 이익금을 나눠주는 형식으로 만들어집니다. 여느 채권과 달리 회사의 이익에 관심을 가져야 하는 채권입니다. 결과적으로는 주주의 배당을 적게 만드는 효과가 있습니다.

채권 가격은 어떻게 결정될까

채권도 발행시장과 유통시장이 있습니다. 단기채, 중기채, 장기채 등이 있고 이런 채권들이 끊임없이 발행·유통되고 있습니다. 서로 사고 파니 가격이 정해져야 합니다. 채권 가격은 어떻게 정해질까요?

채권 가격은 시중금리에 민감합니다. 채권은 표면금리가 있고 액면가가 있습니다. 이표채라면 이표의 주기가, 단리채, 복리채라면 이자의 지급 시기가 있습니다. 이러한 특징 때문에 각 채권의 미래 현금흐름을 쉽게 예측할 수 있습니다. 이를 시장이자율로 할인한 현재 가치가 바로 채권 가격이 됩니다. 따라서 시장이자율이 오르면 할인이 많이 될 테니 채권 가격이 떨어지고, 반대로 시장이자율이 하락하면 채권 가격이 상승하게 됩니다.

참고할 만한 채권 관련 사이트 두 곳이 있습니다.

첫 번째로 금융투자협회 채권정보센터(www.kofiabond.or.kr)입니다. 금융투자협회는 증권사, 자산운용사 등의 정회원과 은행, 보험 등 준회원, 신용평가사 등의 특별회원을 보유하고 금융투자업의 공정거래와 투자자 보호 등 업무를 수행하는 조직입니다. 여기에서 채권시장도 관리를 하는데, 이에 대한 모든 정보를 모아둔 곳이 '금융투자협회 채권정보센터'입니다. 이곳에서는 채권과 관련된 거의 모든 정보를 볼 수 있습니다. 발행시장과 유통시장에 대한 각종 지표들을 볼 수 있고, 금리와 신용평가에 대해서도 확인할 수 있습니다. 어떤 형태의 채권이 많이 유통되는지, 발행되는 채권의 등급은 어떤지도 알 수 있습니다.

두 번째는 한국신용평가(www.kisrating.com)입니다. 채권정보센터 사이트가 채권시장 전반에 대한 내용을 아우르고 있다면, 한국신용평가는 채권에 대한 세부 정보에 중점을 둔 사이트라고 할 수 있습니다. 채권과 기업어음CP 등에 대한 신용평가정보를 알 수 있으며, 각 회사와 업종에 대한 리포트도 확인 가능합니다.

실전 채권투자

채권 유통시장은 크게 장내시장과 장외시장으로 구분됩니다. 장내시장은 한국거래소에 상장된 채권을 거래할 수 있는 시장입니다. 거래도 증권처럼 증권계좌 개설 후에 HTS나 모바일로 가능합니다. 장외시장은 증권회사를 통해 거래되는 시장이라고 생각하면 됩니다. 증권사 담당자(딜러)가 중심이 되어 대형 기관들에게 매매가 이뤄지는 곳이라고 보면 됩니다. 채권 거래의 대부분은 이처럼 장외시장을 중심으로 금융기관이나 연기금 등을 통해 대량으로 거래됩니다.

개인도 개별 채권에 대해서 직접 거래할 수 있다고 말씀드렸습니다. 하지만 주식에 비해서 채권에 대한 정보는 자세히 알아보기 어려운 것이 사실이고, 어떤 종목을 어떻게 사야할지 막연할 수 있습니다. 그런 경우에는 채권형펀드를 이용할 수 있습니다. 다양한 개별 채권 투자가 쉽지 않은 개인의 경우에는 채권형펀드를 이용하는 것도 방법이 될 수 있습니다.

채권은 고수익을 추구하는 상품이 아닙니다. 안전자산이라고 불리는 이유가 있습니다. 우량한 채권에 투자하면 손실을 볼 가능성이 거의 없지만 수익도 시장수익률을 상회하여 크게 나지 않기 때문입니다. 다만 금리에 민감한 부분은 고려해야 합니다. 금리가 상승하면 채권가격은 하락하고 금리가 하락하면 채권가격은 상승합니다. 만기까지 보유하여 채권에 표시된 이자를 받는 것을 기준으로 한다면 모르겠지만, 중간에 매매하는 상황이라면 금리가 무척 중요한 변수가 됩니다.

　채권은 가격이나 구조를 이해하기 어려울 수 있고, 거래의 대상이나 방법도 주식에 비해 다양하지 않기 때문에 조금은 멀게 느껴지는 상품일 수 있습니다. 하지만 분명 금융시장에서 큰 축을 담당하고 있고 언제든지 투자가 가능한 금융상품이므로 관심을 두고 지식을 쌓아가는 노력이 필요하겠습니다.

내 개인정보,
어떻게 지켜야 하나

개인정보보호라는 단어는 더 이상 생소하지 않습니다. 오히려 나의 개인정보가 이미 어딘가 좋지 않은 곳에 쓰이고 있지 않은가 하는 생각이 자연스러울 정도입니다. 하지만 이런 때일수록 자신의 개인정보가 어떻게 쓰이는지 점검하고 불법적인 사용에 대비하는 자세가 필요합니다. 특히나 금융분야에서는 개인의 재산 문제뿐만 아니라 자신의 정보가 나도 모르는 사이 범죄에 악용될 수 있다는 점에서 중요합니다. 피해자가 아니라 가해자가 될 수도 있는 것입니다. 이러한 위험을 방지하기 위해 개인정보보호와 관련하여 어떤 것들을 주의하면 될지 정리해보겠습니다.

개인정보처리방침 및 이용약관 확인

요즘은 금융과 관련된 곳이 아니더라도 회원가입이나 일반 상거래, 단순 본인확인을 할 때도 개인정보 수집 및 이용동의를 받고 있습니다. 여기에는 개인정보 처리 목적, 보유기간, 제3자 제공, 정보주체의 권리와 의무에 대한 내용, 위탁 업무 등 개인정보 취급에 관한 내용이 포함되어 있습니다.

거의 대부분의 사람들이 이를 읽어보지도 않고 덥석덥석 동의를 해주곤 합니다. 필수항목과 선택항목 등을 꼼꼼히 살펴서 불필요한 곳에 개인정보가 쓰이지 않도록 할 필요가 있습니다. 특히 선택항목 중에는 소비자에 불리한 부분이 들어있을 확률이 높으니 꼭 살펴 동의 여부를 판단하기 바랍니다.

신용정보조회 알리미 활용

NICE신용평가정보에서 제공하는 NICE지키미 등을 활용하면 신용정보조회만 해도 알림을 받을 수 있습니다. 내가 아닌 타인이 내 개인정보를 어딘가에 쓰려고 할 때 미리 알 수 있고, 부가기능으로 신용조회가 어렵게 만들어둘 수도 있습니다. 다른 사람이 내 명의를 도용하여 신용조회를 하는 경우 즉시 확인하고 대응할 수 있는 든든한 방패가 됩니다.

명의도용 체크하기

주민등록번호나 아이핀, 휴대폰 정보 등 나의 명의가 도용되는지 확인할 수 있는 사이트도 있습니다. e프라이버시 클린서비스(www.eprivacy.go.kr)입니다. 여기에서는 본인확인 내역을 확인할 수 있고 이를 통해 내가 몰랐던 곳에 사용된 적이 있는지 알 수 있습니다. 불필요한 사이트는 회원탈퇴도 가능하고요.

개인정보 보관 방법 점검

아이디와 비밀번호를 써야 하는 곳이 워낙 많다 보니 자주 잊어버리곤 합니다. 어떤 사이트는 8자를 요구하고 또 다른 사이트는 10자를 요구합니다. 특수문자를 포함하라고 하거나 영문 대소문자를 섞어서 쓰라고까지 하면 화가 나기 시작할 정도입니다. 그렇다고 보이는 곳에 적어두거나 보안카드를 사진으로 찍어둔다거나 하는 방법은 지양해야 합니다. 또한 타인에게 계좌나 카드의 비밀번호를 알려주는 것도 절대 해서는 안 되는 일입니다. 클라우드서버나 P2P 사이트 등을 이용할 때에도 개인정보가 유출될 수 있는 글이나 사진은 올리지 않는 것이 좋습니다.

공용 PC, 공용 와이파이에서 금융거래하지 않기

누구나 사용하고 쉽게 파밍 프로그램 등을 설치할 수 있는 PC방이나 공용 PC에서의 금융거래는 아주 위험합니다. 카페와 같이 여럿이 함께 쓰는 무선인터넷 환경에서도 타인이 나의 노트북이나 휴대폰에 접근해서 개인정보나 중요한 파일 등을 해킹할 수 있기 때문에 조심해야 합니다.

보안프로그램의 활용

백신과 스파이웨어 제거프로그램, 윈도우 보안패치 등을 설치하고 항상 최신 버전으로 자동업데이트가 되게 해두는 것이 좋습니다. 그리고 다양한 프로그램을 설치하다 보면 추가로 설치되거나 인터넷 서핑 중에 모르는 사이 이상한 프로그램들이 설치되는 경우도 있습니다. 제어판의 '프로그램설치/삭제'를 체크해 이상한 프로그램 같으면 삭제하고 백신으로 정기검사를 실시하는 것도 좋은 방법입니다.

이 외에 영문, 숫자, 특수문자를 섞어서 비밀번호를 만들거나, 공인인증서를 하드디스크가 아닌 USB 등 별도 장소에 보관하거나, 출처가 불분명한 이메일이나 인터넷 상의 자료를 다운로드 하지 않는 등의 '기본을 지키는 습관'이 중요합니다. 개인정보가 침해된 것 같으면 해당 사이트에 본인 계정의 삭제를 요청하거나 피해구제를 신청하고, 문제가 해결되지 않으면 개인정보침해신고센터(privacy.kisa. or.kr)에 신고할 수도 있습니다. 아주 기본적인 개인정보보호의 노력도 하지 않으면, 문제가 생긴 뒤에 후회할 수 밖에 없습니다. 그 사이에 발생한 피해는 고스란히 본인의 책임이 될 뿐만 아니라 원상복구도 어렵죠. 이미 버린 개인정보라 생각하지 말고 잘 관리해야 합니다.

화폐 가치의 함정에 빠지지 마라

　투자를 하려면 자본이 필요하지만 이 자본이 불어나기 위해서는 시간도 필요합니다. 어떤 주식이나 부동산에 자본을 투입했는데, 계속 오늘만 반복되면 오르지도 내리지도 않고 처음 시작한 금액 그대로일 겁니다. 투자의 결과가 나오려면, 즉 내 투자금이 늘거나 혹은 줄어드는 데는 시간이 필요하다는 것입니다.

　시간은 자산 가치에 다른 의미를 부여하기도 합니다. 간단히 예를 들어보겠습니다. 오늘 누군가에게 100만 원을 빌려줬는데, 이 사람이 이 돈을 잘 쓰고 1년 뒤에 원금 100만 원만을 돌려준다면 어떨까요? 사실 있을 수 없는 일이지요. 누구도 이런 식으로 돈을 빌려주지 않을 것입니다. 시간이 흘러간 것만으로도 돈의 가치가 변화한다는 것을 알 수 있습니다.

이러한 시간에 따른 돈 가치의 변화, 이를 '화폐의 시간가치'라고 합니다. 사전적인 정의를 살펴보면, "어떤 한 단위의 화폐단위가 시간적 요인에 따라 다른 가치를 가지게 되는 것"이라고 합니다. 화폐 가치가 무엇이고 어떤 의미를 가지는지 조금 더 풀어보도록 하겠습니다.

현재가치와 미래가치의 차이

오늘 100만 원 빌려주고 1년 후 100만 원 받는 행동을 하지 않는 이유가 뭘까요? 바로 '가치의 차이'라고 할 수 있겠습니다. 유동성 선호라고도 합니다.

* 동일한 금액을 소비한다면 현재의 소비를 미래의 소비보다 가치 있게 생각한다.
* 현재 보유한 현금은 투자를 통해 가치를 증대시킬 수 있으므로 투자기회에 대해 비교한다.
* 인플레이션 발생으로 인해 미래의 현금이 현재의 현금보다 구매력이 떨어진다.
* 미래는 불확실하니 현재의 확실한 현금이 낫다고 생각한다.

재무관리 교과서에서 볼 수 있는 이야기입니다. 어쨌든 현재 현금

교통요금 vs. 짜장면 가격

(단위:원)

1995년 대비 몇 배 증가	교통요금			짜장면 가격		
	전철료 (성인.현금)	시내버스료 (성인.현금)	택시료 (중형)	짜장면	이용료 (남성컷트)	휘발유 (ℓ당)
	3.6배	3.7배	2.4배	2.3배	1.4배	2.4배
2016년도	1,367	1,293	2,933	4,582	11,309	1,475
2000년도	567	592	1,595	2,593	9,827	1,268
1995년도	385	354	1,241	2,019	8,217	604

출처: 한국교통연구원

의 가치를 미래 현금의 가치보다 높게 생각한다는 것은 재론의 여지가 없습니다.

조금 더 쉽게 이야기를 해보겠습니다. 현재의 화폐가치와 미래의 화폐가치는 같은가요? 당연히 아니라고 할겁니다. 이 질문에 대해서는 아마 누구도 이상하다고 생각하지 않을 겁니다. 지금의 1억 원과 1년 후, 10년 후의 1억 원이 다릅니다. 30년 전 짜장면 가격이나 버스요금이 얼마였다는 이야기들을 종종 듣습니다. 이러한 가격의 변화는 짜장면이나 버스라는 운송수단 자체의 가치가 올라갔기 때문일 수도 있지만, 그보다는 경제성장과 인플레이션으로 화폐의 가치가 내려갔다고 해야 할 것입니다.

금융상품에 투자할 때도 화폐의 시간가치를 따져봐야 합니다. 현재 가입하는 시점과 만기에 수익을 얻는 시점에서의 화폐가치가 달라지기 때문입니다. 특히 수익 시점이 상당히 뒤이고 수익금을 수령하는 기간도 긴 연금 같은 경우에는 시간가치를 염두에 두지 않으면 정확한 수익을 파악하기가 어렵습니다.

화폐의 시간가치를 직접 계산해보자

화폐의 시간가치는 어떻게 계산할까요? 지금의 1억 원이 10년 후에 얼마인지, 10년 후에 1억 원을 준다는데 그건 지금 가치로는 얼마인지, 매월 500만 원씩 준다는 연금복권의 실제 가치는 얼마인지 차근차근 알아보겠습니다.

단일현금의 미래가치

정기예금에 목돈을 예치했을 때를 생각하면 됩니다. 다만 복리냐 아니냐의 차이가 있을 수 있습니다. 화폐의 미래가치는 복리로 계산합니다.

> **ex** 100만 원을 5년간 3%의 연이율로 예치했을 때 만기금액은?
>
> 100만 원 × $(1+0.03)^5$ = 115.9만 원

단일현금의 현재가치

만기에 발행금액을 받는 채권의 가격을 평가하는 경우를 생각하면 됩니다. 이렇게 미래가치를 현재가치로 환산하는 것을 할인이라고 하고, 이때 쓰는 이자율 또는 물가상승률을 할인율이라고도 부릅니다.

> **ex** 3년 후 100만 원을 받을 수 있는 채권의 현재 가치는?(할인율 연 3%)
>
> $$100만 원 \div (1+0.03)^3 = 91.5만 원$$

연금의 미래가치

매 기간마다 일정 금액을 받는 연금의 미래가치를 말하는 것인데, 적금의 만기금액을 생각하면 쉽습니다.

> **ex** 매년 100만 원씩 5년 동안 이자율 3%(복리)의 적금에 가입하면 만기에 얼마를 수령할까?(비과세로 계산)
>
> $$100만 원 \times \{((1+0.03)^5-1)/0.03\} = 530.9만 원$$

연금의 현재가치

일정 기간 동안 나오는 연금을 현재가치로 환산하는 경우입니다. 매월 500만 원씩 주는 연금복권을 일시금으로 수령할 경우 얼마를 받는 게 적절할까 하는 궁금증에 대한 답입니다.

> **ex** 매월 500만 원씩 20년간 나오는 연금복권을 일시금으로 받으려면 얼마가 적절할까?(물가상승률 3%)
>
> 500만 원×{(1-1/(1+0.03/12)^{240})/(0.03/12)}=9억 155만 원

영구연금의 현재가치

죽을 때까지 동일한 금액을 받는다면 그 연금의 가치는 얼마일까요? 매년 3,000만 원을 받는 경우 물가상승률이 3%라면 그 연금의 가치는 10억 원입니다. 연금액을 이자율로 나누면 됩니다.

연금 수익 제대로 체크하는 법

보통 연금은 지금 매달 10만 원을 낸다면 연금 받을 때 20만~30만 원 받을 것을 예상합니다. 실제로 그렇게 수령할 수도 있습니다.

다만, 여기에서 간과하는 것이 내가 연금 받을 시점에 해당 금액의 가치에 대해서는 생각하지 않는다는 것입니다. 10만 원을 납입하고 20만 원을 받으면 마치 2배의 수익을 얻는 것 같지만 전혀 그렇지가 않습니다.

어느 연금상품의 가입 사례를 참고로 실제 수령 금액이 어느 정도인지 알아보겠습니다. 38세 남자, 월납 34만 원, 10년납 65세부터 수령하는 상품에 가입하는 시뮬레이션입니다. 판매자는 "매월 34만 원을 10년만 넣으면 65세부터 죽을 때까지 397만 원씩 수령한다"고 안내하고 있습니다.

정말 그럴까요? 그때 받는 397만 원이 얼마만큼의 가치가 있는 것일까요? 이 상품처럼 34만 원을 10년간 넣고 65세부터 397만 원을 수령하는 경우, 해당 연금의 현재가치를 앞서 배운 식으로 계산해보겠습니다.

우선 매월 34만 원씩 10년을 넣으면 이 기간 동안 금융사가 제시한 이자율로 적립금이 불어납니다. 그리고 10년 후, 48세부터 65세가 될 때까지 17년 동안 그 목돈에 다시 이자가 붙게 됩니다. 이자율은 기간마다 변동되기 때문에 지금 제시한 금액하고 정확히 일치하지는 않겠지만 변동이 없는 것으로 가정하고 계산해봅시다. 변수가 많아질수록 계산만 복잡하기 때문에 단순하게 수령시점에 주기로 한 397만 원이 27년(10년+17년)을 앞선 지금 얼마만큼의 가치인가만을 검토하겠습니다. 계산식은 단일현금의 현재가치를 끌어다 쓸 것이며, 할인율은 3%로 하겠습니다. 투자수익이 좋은 분들은 할인율을 높게 잡으면 됩니다.

$$397만 원 \div (1+0.03)^{27} = 91.5만 원$$

어라? 무려 3배 가까이 많네요? 이런 대박상품에 가입하지 않을 이유가 있을까요? 하지만 뭔가 이상합니다. 상품 예시를 자세히 보니 '연간' 397만 원을 준다는 것입니다. 납입금은 월납으로 계산하고 받는 금액은 연납으로 써놓으니 오해가 생길 수밖에 없습니다. 현재가치로 91.5만 원이면 월에 10만 원도 채 안됩니다.

이처럼 화폐의 시간가치를 감안해서 보면 금융상품을 더 객관적으로 비교할 수 있습니다.

노년을 위한 최소한의 안전장치 연금

우리는 몇 살까지 살 수 있을까요? 무작정 오래 산다고 좋은 걸까요? 질병이나 사고로 일찍 삶을 마감하는 것도 '위험'이지만 경제적인 준비 없이 장수하는 것도 어떤 의미에선 '위험'입니다. 안정적이고 여유로운 은퇴생활을 위해 어떤 준비를 해야 할지 알아보겠습니다.

연금이란?

금융상품으로서 '연금'의 의미는 경제활동기에 일정한 금액을 적립해 두었다가 은퇴 후 일정액을 나누어 지급받는 것입니다. 한창 사회생활을 하는 동안 소득을 조금 떼어 적립하고, 이를 은퇴시기에 맞춰 받는 구조로 짜입니다.

이러한 연금의 역할을 잘 알고 준비하면 좋겠지만 현실은 그렇지 못한 경우가 많습니다. '연말정산에 유리하다', '신입사원이면 무조건 가입해야 한다' 등 노후준비라는 본래 뜻과는 다른 이유로 가입한다거나, 납입기간 또는 은퇴 후 분할 수령 등 가장 기초가 되는 내용도 알지 못한 채 본인의 납입 능력에 어울리지 않는 금액으로 덜컥 가입하는 경우도 많습니다.

연금은 크게 공적연금과 사적연금으로 나눌 수 있습니다. 대표적인 공적연금으로 국민연금이 있으며, 그 외에도 공무원연금, 사학연금, 군인연금 등이 있습니다. 사적연금은 퇴직연금, 개인연금, 주택연금, 농지연금 등이 있습니다.

우리나라는 3층 노후보장 체계를 갖추고 있습니다. 1층은 모든 국민이 의무적으로 가입하는 '국민연금', 2층은 '퇴직연금', 3층은 '개인

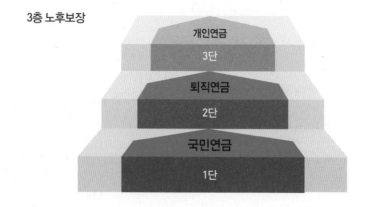

3층 노후보장

개인연금
3단

퇴직연금
2단

국민연금
1단

연금'입니다. 3층 보장이라는 게 우리나라에서 처음으로 만든 개념은 아닙니다. 이미 1994년에 세계은행에서 〈노년위기의 모면〉이라는 보고서를 통해 3층 연금체계를 제시했다고 합니다. 그 당시에도 공적 연금이 노후의 경제생활을 안정적으로 담보할 수 없다고 생각해 사적연금을 발전시키는 개념을 등장시켰다고 합니다.

국민연금

국민연금은 1988년부터 시행된 대표적인 사회보험제도입니다. 가입자에게 일정액의 보험료를 받고, 이를 재원으로 사회적 위험에 노출되어 소득이 중단되거나 상실될 가능성이 있는 사람들에게 다양한 급여를 제공합니다. 노령으로 인한 근로소득 상실 보전을 위한 노령

보험금 필요금액 예시

출생연도	수급개시연령		
	노령연금	조기노령연금	분할연금
1952년생 이전	60세	55세	60세
1953-1956년생	61세	56세	61세
1957-1960년생	62세	57세	62세
1961-1964년생	63세	58세	63세
1965-1968년생	64세	59세	64세
1969년생 이후	65세	60세	65세

출처: 국민연금공단, 2018년 10월

연금, 주소득자의 사망에 따른 소득상실을 보전하기 위한 유족연금, 질병 또는 사고로 인한 장기근로능력 상실에 따른 소득상실을 보전하기 위한 장애연금 등이 있습니다.

국민연금은 가입기간이 10년 이상이고 만 60세 이상의 지급연령에 도달하면 주게 되어 있습니다. 그런데 재정은 점점 고갈되고 평균수명은 계속 늘어나니 지급연령을 차등화했습니다. 만 60세부터 주던 것을 65세까지로 연장해 놨는데, 이와 관련해서는 국민연금 고갈 이슈가 나올 때마다 불거지는 부분이기 때문에 다음에 또 어떻게 개정할지 모를 일입니다.

퇴직연금

퇴직연금은 근로자들의 퇴직으로 소득이 발행하지 않아도 안정적인 노후생활이 가능하도록, 회사에서 일할 때 적립을 했다가 퇴직할 때 일시금 또는 연금형태로 지급하도록 하는 제도입니다. 과거의 퇴직금 제도는 근속연수에 따라 1년마다 30일의 평균임금을 퇴직 시 일시금으로 지급했습니다.

하지만 회사에서 책임을 지다 보니 일하던 사업체가 망하거나 퇴직금 적립이 잘 되어 있지 않으면 근로자가 퇴직금을 받지 못하게 되는 경우도 발생했습니다. 그래서 근로자가 퇴직금을 명확하게 받을 수 있도록 2005년에 제도를 변경했습니다. 그때부터 확정급여형DB, Defined Benefit이니, 확정기여형DC, Defined Contribution이니, 개인형 퇴직연금IRP,

Individual Retirement Pension이니 하는 것들이 생겨났죠.

확정급여형은 연금으로 지급받을 금액을 확정하는 형태로서 근로자는 퇴직 시 정해진 금액(퇴직 직전 3개월 평균급여×근속연수)을 받을 수 있습니다. 확정급여형의 운용 실적은 회사 책임이기 때문에 근로자는 확정된 급여를 받을 수 있습니다.

확정기여형은 근로자가 소속된 회사가 매년 연간 임금 총액의 일정비율(1/12 이상)을 금융회사의 근로자 계좌에 적립하고 이의 운영에 대한 책임은 근로자 본인이 지게 됩니다. 납입금액은 정해져 있지만 이를 어떻게 운용하느냐에 따라 퇴직금이 늘어날 수도 줄어들 수도 있는 것이지요. 개인형 퇴직연금은 근로자가 퇴직하면서 받은 퇴직급여를 운용하거나 퇴직연금(DB형 또는 DC형) 외에 본인이 추가로 비용을 써 가입하여 운용하는 연금제도입니다.

개인연금

앞서 나온 국민연금이나 퇴직연금은 이미 개인의 상황에 따라 정해져 있는 것이나 마찬가지입니다. 의무적으로 내야 한다는 뜻입니다. 하지만 개인연금은 다릅니다. 온전히 개인의 의사에 따라 가입을 하거나 하지 않을 수 있고 납입금액도 원하는 만큼 정할 수 있습니다.

개인연금은 크게 연금저축과 연금보험으로 나뉩니다. 세제혜택에 따라 나뉘는데, 과거에는 '세제적격'이니 '세제비적격'이니 하는 말로도 많이 불렀습니다. 연금저축은 연간 납입액 중 최대 400만 원에 대해 세액공제를 받을 수 있는 상품입니다. 연소득 5,500만 원을 기준으로 그 이하면 16.5%, 초과하면 13.2%의 세액공제를 받게 됩니다. 납입할 때 세제혜택을 받은 만큼 향후 수령 시에는 연금소득세(3.3~5.5%)를 내야 합니다. 보통은 보험사에서 판매하는 연금저축보험이 유명한데, 형태에 따라 연금저축신탁, 연금저축펀드 등도 있습니다.

연금보험은 저축성 보험의 일종으로 납입할 동안 세제혜택은 없지만 10년 이상 유지하고 연금 형태로 수령하면 비과세되는 특징이 있습니다. 연금저축이 '할인 받고 세금 내는' 식이라면 연금보험은 '오래 유지하고 세금 안 내는' 식이라고 보면 됩니다.

세제혜택이 있는 건 그만큼 많이 가입하라는 의미이고 오래 유지하라는 건 실제 은퇴할 때 소득보전의 수단으로 유용하게 쓰라는 의미입니다. 반대로 세제혜택을 받았음에도 중도해지를 하면 그에 따르는 불이익이 가볍지 않습니다. 무려 '원리금 총액'의 16.5%를 기타소득세로 내야 합니다. 세금 폭탄을 맞을 수도 있습니다. 그러니 가입할 때부터 신중할 필요가 있습니다.

사회초년생은 무조건 가입해야 한다거나, 세금 덜 내기 위해 가입해야 한다거나 해서 무리할 필요는 없습니다. 소득공제 조금 받으려다가 정작 다른 곳에서 크게 구멍이 날 수 있습니다.

부동산을 통한 연금

주택연금

주택소유자 또는 배우자가 만 60세 이상인 경우 거주하는 집을 담보로 한국주택금융공사를 통해 연금을 받는 방식입니다. 역모기지론이라고도 합니다. 평생 동안 거주도 가능하고 부부 중 한 쪽이 사망해도 동일 금액을 지급하는 등 장점이 있습니다. 아주 장수해서 연금이 집값보다 한참 초과해도 상속인이 돈을 더 낼 필요도 없고, 반대로 너무 일찍 사망해서 주택 처분 금액이 남으면 상속인에게 돌려줍니다.

농지연금

농지를 소유한 만 65세 이상 고령농업인에게 농지를 담보로 연금을 지급하는 제도입니다. 영농경력 5년 이상의 농지소유자로, 대상 농지는 지목 기준 전, 답, 과수원이 해당되며 실제 영농 중이어야 합니다.

연금을 준비해야 한다면

연금저축

세액공제를 위해서인지 정말 노후를 위해서인지 생각하고 준비하면 됩니다. 특히 사회초년생들이 '직장인이 되면 다 가입해야 하고 세금도 아껴야 한다'는 주변의 속삭임으로 인해 깊게 생각하지 않고 가입합니다. 가입하는 건 좋은데 좀 더 깊게 생각하고 가입했으면 합니다. 연금이 직장인 필수아이템은 아닙니다. 특히 멋모르고 가입했다가 중도에 해지하면 기타소득세로 그 동안 공제받은 세금보다 더 큰 돈을 내놓아야 할 테니 주의 또 주의하기 바랍니다.

연금보험

납입시점에 받는 세금혜택은 없습니다. 다만 10년 이상 납입(또는 유지)하면 비과세됩니다. 연금저축이 공제받고 세금(연금소득세) 내는 구조라면 연금보험은 안 받고 안 내는 구조입니다. 중도해지한다고 기타소득세 떼지도 않습니다. 물론 중도해지를 하면 해지환급금이 원금보다 적거나 생각지도 못한 낮은 이자율을 경험할지도 모릅니다. 또 한 가지 방법으로는 은퇴 시점에 일시금으로 연금에 넣는 겁니다. 일시금으로 넣고 종신으로 받을 수도 있습니다. 목돈을 딱히 어떻게 운용해야 할지 자신이 없다면 일시납연금도 고려할 만한 선택지입니다.

연금상품 등에 가입할 때는 본질을 다시 한번 생각해볼 필요가 있습니다. 연금이라는 것 자체가 노후를 준비하는 상품입니다. 당장 눈앞의 소득공제 같은 것만 생각할 것이 아니라 정말 나의 노후를 위해 꾸준히 납입할 수 있는가 하는 문제에 대해 고민해야 합니다. 한창 소득이 있을 때 미래를 준비하는 것은 당연히 권장해야 할 일이지만 지금 당장의 납입금도 버거울 정도라면 노후준비가 무슨 소용이겠습니까. 짧은 시간 잠깐의 고민으로 선택하기에는 납입과 수령이 너무나 길고 깁니다.

달시기의 돈이 보이는 사이트

네이버 데이터랩, 구글 트렌드

세상에는 정말 많은 사람들이 모여 살아가고 있습니다. 그리고 그만큼 다양한 시각으로 세상을 봅니다. 투자를 잘하기 위해서는 나의 눈으로만 세상을 보는 것이 아니라 다른 사람들의 눈을 빌려 세상을 보는 것이 중요합니다. 사업이나 투자를 할 때 사람들의 관심이 어디에 쏠려 있는지, 요즘 핫한 아이템과 지역이 어딘지 등을 알고 하는 게 훨씬 유리하겠지요. 다른 사람의 머릿속을 짐작케 해주는 두 개의 사이트를 소개합니다. 네이버 데이터랩과 구글 트렌드입니다.

먼저 네이버 데이터랩(datalab.naver.com)입니다. 네이버에서 운영하는 곳으로 검색과 관련한 다양한 데이터를 찾아보고 비교 분석할 수 있는 곳입니다. 몇 가지 세부항목들을 알아보겠습니다.

급상승 트래킹은 실시간 급상승 검색어 순위와 추이를 볼 수 있습니다. 30초 단위로 보여주기 때문에 화살표를 넘기면서 어떤 검색어들이 오르내리는지도 확인할 수 있습니다. 현재 검색어뿐 아니라 과거 특정 시점으로 돌려서 보는 것도 가능합니다. 분야별 인기 검색어는 주제별, 사용자별로 검색어 순위를 확인할 수 있습니다. 어떤 카테고리에서 어떤 것들이 주로 검색되며 시기별로는 어떤지 그래프로 한 눈에 볼 수 있게 해줍니다. 내가 관심 있는 영역에서 또는 내가 타깃으로 하는 사용자군에서 어떤 것들이 회자되는지 알 수 있습니다.

검색어 트렌드는 시작 화면에 검색 주제어와 각종 조건을 입력하게 되어 있습니다. 네이버 통합검색이나 쇼핑에서 어떤 키워드가 시기별로 얼마만큼 많이 검색되었는지를 알 수 있고, 모바일이냐 PC냐, 남성이냐 여성이냐 등 여러 가지 조건을 주고 알아볼 수도 있습니다. 절대적이기도 상대적이기도 한 검색 트렌드를 살펴보기에 너무나도 좋습니다. 내가 어디에 투자를 한다거나 어떤 사업을 한다고 했을 때도 그와 관련한 트렌드를 미리 알아보기 좋습니다. 엑셀 파일로 다운로드도 가능합니다.

지역통계로 가면 지역별로 어느 동네가 사람들에게 많이 검색되는지, 어떤 업종에 관심이 많은지 알아볼 수 있습니다. BC카드 데이터를 통해 특정 업종의 카드사용 트렌드도 확인할 수 있습니다. 공공데이터는 각종 국가지표들을 보여주는 곳입니다.

다음은 구글 트렌드(https://trends.google.com/trends/)입니다.

구글에서 운영하는 곳으로 최신 트렌드, 데이터 및 시각화 정보들을 확인할 수 있습니다.

구글 트렌드의 특징은 네이버 트렌드에 비해 인포그래픽을 많이 사용하고 있다는 점입니다. 각종 그래프를 다양하게 볼 수 있습니다. 또한 세계 제일의 검색 사이트인 만큼 각국의 모든 트렌드를 볼 수 있다는 장점이 있습니다. 사이트 내에는 수많은 카테고리들이 있어서 다양한 영역의 검색 데이터들을 확인할 수 있습니다. 다만 미국 사용자가 많다 보니 전 세계로 해두면 미국 위주로 나옵니다. 검색 시 확인할 필요가 있습니다.

구글 트렌드의 왼쪽 상단 메뉴를 눌러보면 다음과 같은 다양한 항목들이 있습니다.

- 탐색: 원하는 검색어의 트렌드를 볼 수 있고 다른 검색어와 추이를 비교해 볼 수 있습니다.
- 인기 급상승 검색어: 현재 급상승한 검색어들을 국가별로 찾아볼 수 있습니다.
- 인기 차트: 국가별, 연도별 인기 검색어를 찾아볼 수 있습니다.
- 구독: 이메일로 트렌드 소식을 받아볼 수 있습니다.
- 유튜브 인기 급상승 동영상: 유튜브 인기 급상승 동영상을 유튜브로 연결해서 알려줍니다.

**시장가보다 싸게 살 수 있는 대표적인 방법으로 청약과
경매가 있지요. 사회초년생이 공략할 만한 포인트가
있다면?**

택지에서 가장 처음 분양하는 아파트는 저렴합니다(시범단
지). 택지에 대한 입지와 호재 공부를 한 후에 청약에 도전하
는 것이 좋습니다.

청약은 계약금만 있으면 계약을 할 수 있기 때문에 초기
에 많은 자금이 필요치 않습니다. 대신 사회초년생과 신혼부
부는 가점이 낮기 때문에 청약에 불리합니다. 통장 가입 기
간과 무주택 기간 등이 짧기 때문이죠. 청약통장은 되도록
빨리 가입하는 것이 좋습니다.

청약은 상승장 초반이 좋습니다. 하락기에서 상승기로 턴
하려는 시점에 시세차익이 제일 많기 때문입니다. 신혼부부
희망타운의 경우 청약가점을 면밀히 공부해야 합니다. 책이
나 강의를 통해 내가 과연 당첨될 가능성이 있는지 따져봐야
합니다.

부동산 하락기가 되면 경매하기 더 좋을 거라고 생각하지
만 이것은 오해입니다. 경매를 찬찬히 살펴보면, 경매 물건
을 낙찰받고 명도를 하고 소유권 이전까지 꽤 오랜 기간이

소요됩니다. 하락기에는 낙찰을 받고 명도하는 사이에 집값이 더 떨어지는 경우도 있습니다. 실거주 목적이라면 상관없겠지만 투자의 목적이라면 하락기의 경매는 좋은 방법이 아닙니다. 하락기에서 상승기로 턴하려는 시점이 경매하기 좋은 시점입니다. 구매 심리는 아직 죽어 있고 주택 수는 부족하고 전세가는 올라가는 시기가 경매하기 좋습니다. 사회초년생은 큰 목돈이 아니기 때문에 경매가 굉장히 좋은 재테크 수단이 될 수 있습니다.

일찍이 공부하면 나이 들어 경제적 자유를 얻을 가능성을 높일 수 있습니다. 사회초년생이라면 청약, 경매, 부동산 공부를 차근차근 해두는 것이 좋습니다. 단계별로 목표설정을 반드시 해두고 시간과 돈의 레버리지를 잘 활용하길 바랍니다.

참고문헌

단행본

곽해선, 《경제기사 궁금증 300문 300답》, 혜다, 2017

금융감독원, 《대학생을 위한 실용금융》, 금융감독원, 2015

홍춘욱, 《돈 좀 굴려봅시다》, 스마트북스, 2012

롭 무어, 《레버리지》, 다산북스, 2017

아파테이아, 《마흔 살 행복한 부자 아빠의 특별한 편지》, 진서원, 2014

보도 섀퍼, 《보도 섀퍼의 돈》, 북플러스, 2011

댄 애이얼리, 《부의 감각》, 청림출판, 2018

엠제이 드마코, 《부의 추월차선》, 토트, 2013

로버트 기요사키, 《부자 아빠 가난한 아빠》, 황금가지, 2001

말콤 글래드웰, 《아웃라이어》, 김영사, 2009

홍춘욱, 《인구와 투자의 미래》, 에프앤미디어, 2017

EBS제작팀, 《자본주의》, 가나출판사, 2013

아기곰, 《재테크 불변의 법칙》, 아라크네, 2017

니콜라스 나심 탈렙, 《행운에 속지 마라》, 중앙북스, 2010

이재범, 《후천적 부자》, 프레너미, 2016

정기간행물/보고서

〈2015 사망원인통계〉, 2016년, 통계청

〈2016 고령자통계〉, 2016년, 통계청

〈2017 한국의 사회지표〉, 2018년, 통계청

〈2018 전국 부자 보고서〉, 2018년, KB금융연구소

〈2019 Korean Wealth Report〉, 2019년, 하나금융연구소

〈2018년 4/4분기 가계동향조사〉, 2019년, 통계청

〈보통사람 금융생활 보고서〉, 2018년, 신한은행

〈서울시 생활금융지도〉, 2018년, 신한은행

〈통화신용정책보고서〉, 2018년, 한국은행

인터넷 홈페이지

계좌정보 통합관리서비스(www.payinfo.or.kr)

국민연금공단(http://www.nps.or.kr)

금융감독원(http://www.fss.or.kr)

금융위원회(www.fsc.go.kr)

나이스평가정보(www.credit.co.kr)

보험개발원(http://www.kidi.or.kr)

손해보험협회(www.knia.or.kr)

신용회복위원회(cyber.ccrs.or.kr)

예금보험공사(www.kdic.or.kr)

은행연합회(http://www.kfb.or.kr/)

통계청(http://kostat.go.kr)

한국은행경제통계시스템(www.ecos.bok.or.kr)

KCB(www.allcredit.co.kr)